5개년
기출문제

사회복지학
개론

신념을 가지고 도전하는 사람은 반드시 그 꿈을 이룰 수 있습니다.
처음에 품은 신념과 열정이 취업 성공의 그 날까지 빛바래지 않도록
서원각이 수험생 여러분을 응원합니다.

Preface

시험의 성패를 결정하는 데 있어 가장 중요한 요소 중 하나는 충분한 학습이라고 할 수 있다. 하지만 무작정 많은 양을 학습하는 것은 바람직하지 않다. 시험에 출제되는 모든 과목이 그렇 듯, 전통적으로 중요하게 여겨지는 이론이나 내용들이 존재한다. 그리고 이러한 이론이나 내용 들은 회를 걸쳐 반복적으로 시험에 출제되는 경향이 나타날 수밖에 없다. 따라서 모든 시험에 앞서 필수적으로 짚고 넘어가야 하는 것이 기출문제에 대한 파악이다.

사회복지학개론은 많은 수험생이 선택하고 고득점을 목표로 하는 과목으로 한 문제 한 문제가 시험의 당락에 영향을 미칠 수 있는 중요한 과목이다. 방대한 양으로 학습에 부담이 있을 수 있 지만, 시험의 난도 자체가 다른 과목에 비해 높은 편은 아니므로 빈출 내용을 중심으로 공부한 다면 고득점을 얻을 수 있다.

9급 공무원 최근 5개년 기출문제 시리즈는 기출문제 완벽분석을 책임진다. 그동안 시행된 국가 직·지방직 및 서울시 기출문제를 연도별로 수록하여 매년 빠지지 않고 출제되는 내용을 파악하 고, 다양하게 변화하는 출제경향에 적응하여 단기간에 최대의 학습효과를 거둘 수 있도록 하였 다. 또한 상세하고 꼼꼼한 해설로 기본서 없이도 효율적인 학습이 가능하도록 하였으며, 모의고 사 방식으로 구성하여 최종적인 실력점검이 될 수 있도록 하였다.

9급 공무원 시험의 경쟁률이 해마다 점점 더 치열해지고 있다. 이럴 때일수록 기본적인 내용에 대한 탄탄한 학습이 빛을 발한다. 수험생 모두가 자신을 믿고 본서와 함께 끝까지 노력하여 합 격의 결실을 맺기를 희망한다.

S tructure

● 기출문제 학습비법

● 본서 특징 및 구성

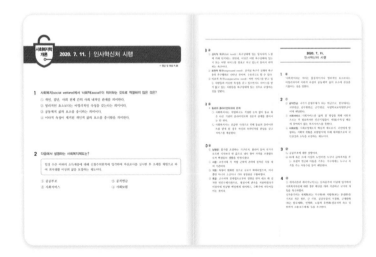

최근 5개년 기출문제 수록

최신 기출문제를 비롯하여 그동안 시행되어 온 9급 공무원 국가직·지방직 및 서울시 등의 기출문제를 최다 수록하였다. 매년 시험마다 반복적으로 출제되는 핵심내용을 확인하고, 변화하는 출제경향을 파악하여 실제 시험에 대한 완벽대비를 할 수 있도록 구성하였다.

꼼꼼하고 자세한 해설

정답에 대한 상세한 해설을 통해 한 문제 한 문제에 대한 완전학습을 꾀하였다. 정답에 대한 설명뿐만 아니라 오답에 대한 보충 설명도 첨부하여 따로 이론서를 찾아볼 필요 없이 효율적인 학습이 될 수 있도록 구성하였다.

C ontents

5개년 기출문제 사회복지학개론

2016 ~ 2020 기출문제

2016. 3. 19.	사회복지직 시행	8
2016. 4. 9.	인사혁신처 시행	15
2017. 3. 18.	제1회 서울특별시 시행	22
2017. 4. 8.	사회복지직 시행	29
2017. 12. 16.	지방직 추가선발 시행	36
2018. 4. 7.	인사혁신처 시행	43
2018. 5. 19.	사회복지직 시행	52
2018. 6. 23.	제2회 서울특별시 시행	60
2019. 2. 23.	제1회 서울특별시 시행	66
2019. 4. 6.	인사혁신처 시행	72
2019. 6. 15.	제1회 지방직 시행	78
2019. 6. 15.	제2회 서울특별시 시행	85
2020. 6. 13.	지방직/서울특별시 시행	93
2020. 7. 11.	인사혁신처 시행	100

정답 및 해설

2016~2020 정답 및 해설

기출지문 O/X

하루 10분! key word로 보는 기출지문 O/X

5개년
기출문제

1 우리나라의 사회보험에 해당하지 않는 것은?

① 산업재해보상보험

② 국민기초생활보장

③ 고용보험

④ 노인장기요양보험

2 사회복지에 대한 설명으로 옳지 않은 것은?

① 복지 다원주의(welfare pluralism)는 정부뿐만 아니라 민간부문의 조직들도 복지제공의 주체가 된다고 본다.

② 에스핑 안데르센(Esping-Andersen)은 복지국가의 유형을 분류하는데 있어 탈상품화 정도가 높을수록 복지선진국을 의미한다고 보았다.

③ 윌렌스키와 르보(Wilensky & Lebeaux)는 사회복지의 개념을 '잔여적 개념'과 '제도적 개념'으로 구분하였다.

④ 조지와 윌딩(George & Wilding)이 제시한 '신우파'는 소극적 집합주의 성향을 가지며 자유보다 평등과 우애를 옹호한다.

3 사회복지 대상의 선정기준에 대한 설명으로 옳지 않은 것은?

① 보편주의(universalism)는 복지 수혜 자격과 기준을 균등화하여 낙인감을 감소시킨다.

② 선별주의(selectivism)는 자산조사 등을 통해 사회복지 대상자들을 선정한다.

③ 선별주의는 기여자와 수혜자를 구별하지 않아 사회통합에 더 효과적이다.

④ 보편주의는 사회복지 급여를 국민의 권리로 생각한다.

4 우리나라가 국가적인 경제위기를 경험한 1997년 이후 제정한 법률에 해당하지 않는 것은?

① 「국민기초생활 보장법」

② 「최저임금법」

③ 「장애인차별금지 및 권리구제 등에 관한 법률」

④ 「국민건강보험법」

5 19세기 자선조직협회(Charity Organization Society)에 대한 설명으로 옳은 것만을 모두 고른 것은?

> ㉠ 빈곤문제의 책임이 사회구조보다는 개인에게 있다고 보았다.
> ㉡ 빈민보호를 위한 조직화와 입법활동 등을 통하여 사회 개혁에 힘썼다.
> ㉢ 자선의 중복과 낭비를 막기 위해 자선단체들을 등록하여 그들의 활동을 조정하였다.

① ㉠, ㉡

② ㉠, ㉢

③ ㉡, ㉢

④ ㉠, ㉡, ㉢

6 영국의 빈민정책에 대한 설명으로 옳은 것은?

① 엘리자베스 구빈법(1601년)은 노동능력과 상관 없이 모든 빈민에게 동일한 구호를 제공하였다.

② 정주법(1662년)은 빈민들의 이동을 금지하여 빈곤문제를 교구 단위로 해결하고자 하였다.

③ 스핀햄랜드법(1795년)은 최저생계를 보장하여 결과적으로 근로동기를 강화시켰다.

④ 신구빈법(1834년)은 노동능력이 있는 자에 대해 원외구제를 지속하고, 노동능력이 없는 자에게는 원내구제를 제공하였다.

7 빈곤에 대한 설명으로 옳은 것만을 모두 고른 것은?

> ㉠ 절대적 빈곤은 최소한의 생활수준에 미치지 못하는 것을 의미한다.
> ㉡ 빈곤갭(poverty gap)은 자력으로 일을 해서 가난으로부터 벗어나려 하기보다 사회복지급여에 의존하여 생계를 해결하려는 의존심이 생기는 현상을 의미한다.
> ㉢ 상대적 빈곤은 한 사회의 평균적인 생활수준과 비교하여 빈곤을 규정하는 것이다.
> ㉣ 전물량방식과 반물량방식은 상대적 빈곤 산정방식이다.

① ㉠, ㉢

② ㉡, ㉢

③ ㉡, ㉣

④ ㉠, ㉢, ㉣

8 우리나라 '사회복지사 윤리강령'에 명시된 윤리기준으로 옳지 않은 것은?

① 사회복지사는 긴급한 사정으로 인해 동료의 클라이언트를 맡게 된 경우, 동료의 전문적 관계를 훼손하지 않기 위해 최소한의 서비스를 제공한다.

② 사회복지사는 전문가로서 성실하고 공정하게 업무를 수행하며 이 과정에서 어떠한 부당한 압력에도 타협하지 않는다.

③ 사회복지사는 한국사회복지사협회 등이 실시하는 제반교육에 적극 참여하여야 한다.

④ 사회복지사는 필요한 경우에 제공된 서비스에 대해 공정하고 합리적으로 이용료를 책정해야 한다.

9 사회복지의 기본 가치 중 평등에 대한 설명으로 옳은 것은?

① 비례적 평등은 개인의 욕구 등에 따라 사회적 자원을 상이하게 배분하는 것으로, 형평(equity)을 평등의 개념으로 본다.

② 조건의 평등은 개인의 능력이나 장애와 상관 없이 기회를 모든 사람에게 균등하게 제공하고, 동일한 업적에 대해 동일한 보상을 제공한다.

③ 수량적 평등은 개인의 기여도와 상관 없이 사회적 자원을 똑같이 분배하는 것을 강조하며, 어느 사회에서나 현실적으로 실현가능하다.

④ 기회의 평등은 참여와 시작 단계에서부터 평등을 강조하기 때문에 가장 적극적인 평등개념이라 할 수 있다.

10 다음의 사례관리(case management)에 대한 설명으로 옳은 것만을 모두 고른 것은?

> ㉠ 사례관리는 장기적인 보호를 필요로 하는 클라이언트를 시설에서 비용 – 효율적으로 관리하기 위해 고안된 실천방법이다.
> ㉡ 사례관리는 클라이언트의 욕구를 개별화하고, 그들의 참여와 자기결정을 중요시한다.
> ㉢ 사례관리의 목표는 클라이언트의 무의식을 분석하여 자신의 문제를 깨닫도록 돕는 것이다.
> ㉣ 사례관리는 포괄적인 서비스를 제공하고, 서비스의 조정과 점검을 실시한다.

① ㉠, ㉢　　　　　　　　　　　② ㉠, ㉣
③ ㉡, ㉢　　　　　　　　　　　④ ㉡, ㉣

11 우리나라 장애인복지법령의 내용으로 옳은 것은?

① 발달 장애는 신체적 장애에 포함된다.
② 장애인 거주시설이란 장애인을 입원 또는 통원하게 하여 상담, 진단·판정, 치료 등 의료재활서비스를 제공하는 시설을 말한다.
③ 국가와 지방자치단체는 학생, 공무원, 근로자, 그 밖의 일반국민 등을 대상으로 장애인에 대한 인식개선을 위한 교육 및 공익광고 등 홍보사업을 실시하여야 한다.
④ 보건복지부장관은 장애인 복지정책의 수립에 필요한 기초 자료로 활용하기 위하여 5년마다 장애실태조사를 실시하여야 한다.

12 아동학대 피해아동의 가족에게 아동보호전문기관을 소개해 주는 사회복지사의 역할은?

① 교육자(educator)
② 중재자(mediator)
③ 중개자(broker)
④ 옹호자(advocate)

13 다음 내용에 해당하는 사회복지 면담기술은?

> 클라이언트의 억압된 감정, 특히 부정적 감정인 분노, 슬픔, 죄의식 등이 문제 해결을 방해하거나 그러한 감정 자체가 문제가 되는 경우, 이를 표출하도록 함으로써 감정의 강도를 약화시키거나 해소시킨다.

① 환기(ventilation)　　　　　② 직면(confrontation)

③ 재보증(reassurance)　　　　④ 일반화(universalization)

14 「국민기초생활 보장법」상 국민기초생활보장에 대한 설명으로 옳은 것만을 모두 고른 것은?

> ㉠ 수급자 및 차상위자는 상호 협력하여 자활기업을 설립 · 운영할 수 있다.
> ㉡ 국가 또는 시 · 도가 직접 수행하는 보장업무에 드는 비용은 국가 또는 해당 시 · 도가 부담한다.
> ㉢ 부양의무자란 수급권자를 부양할 책임이 있는 사람으로서 수급권자의 1촌의 직계혈족 및 그 형제자매를 말한다.
> ㉣ 급여의 종류에는 생계급여, 주거급여, 의료급여, 교육급여, 해산급여, 장제급여, 자활급여가 있다.

① ㉠, ㉣　　　　　　　　　　② ㉠, ㉡, ㉢

③ ㉠, ㉡, ㉣　　　　　　　　④ ㉡, ㉢, ㉣

15 「아동학대범죄의 처벌 등에 관한 특례법」상 아동학대의 신고의무자만을 모두 고른 것은?

> ㉠ 「성매매방지 및 피해자보호 등에 관한 법률」에 따른 성매매피해상담소의 장
> ㉡ 가정위탁지원센터의 장
> ㉢ 「학원의 설립 · 운영 및 과외교습에 관한 법률」에 따른 학원 강사
> ㉣ 「아이돌봄 지원법」에 따른 아이돌보미

① ㉠, ㉢　　　　　　　　　　② ㉠, ㉣

③ ㉡, ㉢, ㉣　　　　　　　　④ ㉠, ㉡, ㉢, ㉣

16 사회보장급여의 이용·제공 및 수급권자 발굴에 관한 법령상 지역사회보장계획에 대한 설명으로 옳은 것만을 모두 고른 것은?

> ㉠ 시·도지사는 시·도의 사회보장 증진을 위하여 시·도 사회보장위원회를 둔다.
> ㉡ 보장기관의 장은 지역사회보장계획의 수립 및 지원 등을 위하여 지역사회보장조사를 4년마다 실시한다. 다만, 필요한 경우에는 수시로 실시할 수 있다.
> ㉢ 지역사회보장계획에는 지역사회보장 수요의 측정, 목표 및 추진전략과 사회보장급여의 사각지대 발굴 및 지원방안이 포함된다.
> ㉣ 시장·군수·구청장은 지역사회보장계획안의 주요 내용을 20일 이상 공고하여 지역주민 등 이해관계인의 의견을 들은 후 시·군·구의 지역사회보장계획을 수립하여야 한다.

① ㉠, ㉡
② ㉠, ㉣
③ ㉡, ㉢, ㉣
④ ㉠, ㉡, ㉢, ㉣

17 우리나라 노인장기요양보험법령에 대한 내용으로 옳은 것은?

① 장기요양급여는 의료서비스와 연계하여 제공하기가 용이한 시설급여를 재가급여보다 우선적으로 제공하여야 한다.
② 장기요양등급은 장기요양등급판정위원회에서 판정하고, 세밀한 판정을 위해 7개 등급의 체계로 운용한다.
③ 「노인장기요양보험법」은 고령이나 노인성 질병 등의 사유로 일상생활을 혼자서 수행하기 어려운 노인등에게 제공하는 신체활동 또는 가사활동 지원 등의 장기요양급여에 관한 사항을 규정하고 있다.
④ 노인장기요양보험의 관리운영기관은 노후생활과 밀접히 연관이 되어 있는 국민연금공단이다.

18 권한부여(empowerment) 모델의 특징으로 옳지 않은 것은?

① 사회적, 조직적 환경에 대한 클라이언트의 통제력을 증가시키기 위한 개입모델이다.

② 전문적 지식과 기술을 활용한 치료계획을 통해 클라이언트의 증상을 치료하는 구조적인 접근방법이다.

③ 클라이언트와 사회복지사는 협력적인 파트너십을 토대로 문제 해결 과정에 함께 참여한다.

④ 클라이언트의 강점과 자원에 초점을 두어 역량을 강화시키는 것을 목적으로 한다.

19 1952년 국제노동기구(ILO)가 제정한 「사회보장의 최저기준에 관한 조약」의 사회보장 급여에 포함되지 않는 것은?

① 실업급여 ② 교육급여

③ 유족급여 ④ 노령급여

20 사회복지조사에서 조사도구가 측정하고자 의도하였던 개념을 정확히 측정하는지를 나타내는 것은?

① 신뢰도 ② 타당도

③ 자유도 ④ 산포도

☞ 정답 및 해설 P.6

1 탈상품화 개념에 대한 설명으로 옳지 않은 것은?

① 노동자가 자신의 노동력을 팔지 않고 살아갈 수 있는 정도를 의미한다.

② 에스핑 앤더슨(Esping Andersen)은 탈상품화 수준에 따라 사회복지모델을 잔여적 복지와 제도적 복지로 구분하였다.

③ 탈상품화 수준이 높을수록 권리로서의 복지가 강조되는 경향이 있다.

④ 일반적으로 자유주의복지국가보다 사회민주주의복지국가의 탈상품화 수준이 높다.

2 민영보험과 사회보험의 차이에 대한 설명으로 가장 적절하지 않은 것은?

① 민영보험은 자발적 가입을, 사회보험은 강제 가입을 원칙으로 한다.

② 민영보험은 계약에 의해 급여수준이 결정되며, 사회보험은 법률에 의해 급여수준이 정해진다.

③ 민영보험은 최저수준의 소득 보장을, 사회보험은 지불능력에 따른 급여 보장을 목적으로 한다.

④ 민영보험에서 보험급여액은 개별적 공평성이, 사회보험의 보험급여액은 사회적 적정성이 강조된다.

3 「사회보장기본법」에서 정의하는 다음의 제도는?

국가 · 지방자치단체 및 민간부문의 도움이 필요한 모든 국민에게 복지, 보건의료, 교육, 고용, 주거, 문화, 환경 등의 분야에서 인간다운 생활을 보장하고 상담, 재활, 돌봄, 정보의 제공, 관련 시설의 이용, 역량 개발, 사회참여 지원 등을 통하여 국민의 삶의 질이 향상되도록 지원하는 제도

① 공공부조   ② 사회안전망

③ 사회복지서비스   ④ 사회서비스

4 사회보장제도의 발전 역사에 대한 설명으로 옳은 것은?

① 세계에서 가장 먼저 도입된 사회보험제도는 독일의 산업재해보험제도이다.

② 영국의 국민보험법(1911)은 노령연금과 건강보험 제도를 도입하는 내용이었다.

③ 미국은 사회보장법(1935)의 제정으로 노령연금, 산재보험, 공공부조의 세 가지 제도가 도입되었다.

④ 베버리지보고서는 사회보험의 원칙 가운데 하나로 소득에 관계없이 동일한 금액의 기여금을 낼 것을 제시하였다.

5 사회복지의 가치와 원리에 대한 설명으로 가장 적절하지 않은 것은?

① 인간존중 : 모든 사람은 인간으로서의 가치, 품위, 존엄성을 갖는다.

② 사회연대 : 누구나 겪을 수 있는 공통의 위험에 대비하기 위하여 상호책임을 갖는다.

③ 개인주의 : 사회는 개인에게 균등한 기회를 차별 없이 제공해야 한다.

④ 자기결정 : 모든 사람은 타인의 권리를 침해하지 않는 한 자신과 관련된 것을 스스로 결정할 자유를 갖는다.

6 프로그램의 효과성을 판단하는 다음의 연구설계에서 내적 타당성을 저해하는 요인으로 가장 적절하지 않은 것은?

> 학교폭력의 피해를 당한 지 1주일 이내인 학생들을 대상으로, '정서불안완화' 프로그램을 실행하였다. 프로그램 참여를 원하는 17명의 학생들에 대해서 프로그램 시작 전에 불안증 수준을 측정하는 검사지로 사전검사를 실시하였다. 2주에 걸쳐 하루 2시간씩 참여하는 프로그램을 실시한 후, 종료 시까지 남은 10명의 참여자들을 대상으로 동일한 검사지를 통해 불안증 수준을 재측정하는 사후검사를 실시하였다. 사후검사 결과 사전검사에 비해 불안증 수준이 감소하였다. 이에 이 프로그램은 불안증을 완화시키는 데 효과적이라고 결론을 내렸다.

① 도구효과(instrumentation effect)

② 성숙효과(maturation effect)

③ 외부사건(history)

④ 연구대상의 상실(experimental mortality)

7 사회서비스 바우처(voucher)에 대한 설명으로 옳지 않은 것은?

① 일종의 교환권으로 사용처에 제한을 둔 상태에서 수급자에게 선택기회를 제공할 수 있는 급여 형태이다.

② 현금 급여와 현물 급여의 특성을 혼합한 것으로 두 급여의 단점을 보완하려는 것이다.

③ 공급자 지원방식의 대표적인 정책수단이다.

④ 이 방식은 서비스 생산자들 간 경쟁을 통해 서비스 질의 제고를 목적으로 한다.

8 2015년 7월 시행(2014년 12월 30일 개정)된 「국민기초생활 보장법」의 변화된 내용으로 옳지 않은 것은?

① 자활지원계획의 수립 조항이 신설되었다.

② 기준 중위소득에 대한 조항이 신설되었다.

③ 교육급여를 교육부장관의 소관으로 한다.

④ 주거급여에 관하여 필요한 사항은 따로 법률에서 정한다.

9 우리나라의 현행 근로장려세제에 대한 설명으로 옳지 않은 것은?

① 소득지원제도로서 일정 금액 이하의 저소득 근로자가구를 대상으로 한다.

② 근로의욕을 높여서 실질소득을 지원하기 위한 환급형 세액제도이다.

③ 「조세특례제한법」을 근거로 한다.

④ 근로장려금의 크기는 소득구간이 높아질수록 비례하여 커진다.

10 우리나라 사회복지법제의 연혁에 대한 설명으로 옳은 것은?

① 1960년대 초 인간다운 생활을 할 권리 보장 조항을 헌법에 포함함으로써, 향후 사회복지입법의 토대를 마련하였다.

② 1980년대 초에 제정된 「국민복지연금법」으로 국민연금제도가 본격적으로 실행되었다.

③ 1990년대 후반부터 분권교부세에 근거한 사회복지사업의 지방이양이 이루어졌다.

④ 2000년대 초에 제정된 「영유아보육법」을 근간으로 보육서비스 지원확대가 이루어지고 있다.

11 사회복지사들이 당면하는 까다롭고 복잡한 윤리적 의사결정에 대해 로웬버그(Lowenberg)와 돌고프(Dolgoff)는 윤리원칙의 적용 순서를 규정한 윤리적 원칙 심사표(Ethical Principles Screen)를 제시한다. 여기에 포함된 원칙들의 적용순서를 바르게 나열한 것은?

㉠ 삶의 질의 원칙	㉡ 사생활 보호와 비밀보장의 원칙
㉢ 생명보호의 원칙	㉣ 진실성과 정보개방의 원칙
㉤ 최소한 손실의 원칙	㉥ 평등과 불평등의 원칙
㉦ 자율성과 자유의 원칙	

	1순위	2순위	3순위	4순위	5순위	6순위	7순위
①	㉠	㉢	㉤	㉦	㉡	㉣	㉥
②	㉢	㉥	㉦	㉤	㉠	㉡	㉣
③	㉤	㉠	㉣	㉦	㉥	㉢	㉡
④	㉦	㉤	㉠	㉣	㉢	㉥	㉡

12 「아동복지법」이 금지하고 있는 다음 행위 중에서 유죄가 인정되었을 경우 벌금형 없이 징역형에만 처하도록 규정되어 있는 것은?

① 아동에게 음란한 행위를 시키는 행위

② 아동의 신체를 손상시키는 학대행위

③ 자신의 보호 감독을 받는 아동을 유기하는 행위

④ 아동을 매매하는 행위

13 콤튼(Compton)과 갤러웨이(Galaway)에 따른 사회복지실천의 면접에 대한 특성으로 옳지 않은 것은?

① 면접을 위한 장(setting)이 있다.

② 면접자와 피면접자의 정해진 역할이 있다.

③ 구체적인 목표를 추구하는 의도적 과정이다.

④ 자유로운 분위기를 위해 계약을 지양한다.

14 사회복지프로그램의 대상자 선정에 있어 집단 구분에 대한 설명으로 옳지 않은 것은?

① 인구집단을 일반집단 – 위기집단 – 표적집단 – 클라이언트 집단으로 구분할 수 있다.

② 위기집단은 위기를 겪어서 프로그램에 참여하는 모든 집단이다.

③ 표적집단은 위기집단 내에서 프로그램 혜택을 받을 자격을 갖춘 집단이다.

④ 클라이언트 집단은 표적집단 중에서 프로그램을 제공받는 수혜자집단이다.

15 사회복지 전달체계에서 지방자치단체에 비해 중앙정부가 기능적으로 우위인 이유로 제시되는 것 중 가장 적절하지 않은 것은?

① 지역별 다양한 사회복지 서비스 욕구에 탄력적으로 대응하기 쉽다.

② 사회복지가 추구하는 평등과 소득재분배의 목적을 달성하는 데 유리하다.

③ 서비스의 안정성과 규모의 경제성을 제고하는 데 효과적이다.

④ 공공재의 성격이 강하여 모든 국민을 대상으로 하는 서비스의 제공에 적합하다.

16 사회복지실천의 통합적 접근방법이 등장한 배경으로 가장 적절하지 않은 것은?

① 체계이론적 관점과 생태학적 관점을 활용하면서 이론적 기반이 형성되었다.

② 클라이언트의 문제와 욕구들이 점차 표준화되었다.

③ 제한된 특정문제에 대한 개입만을 중요시하는 전통적 사회복지접근의 한계가 나타났다.

④ 인간과 환경은 서로 분리되어 있는 것이 아니라 지속적 상호교류를 하는 하나의 체계로 이해되었다.

17 우리나라의 현행 노인복지제도에 대한 설명으로 옳은 것은?

① 노인복지주택에 입소할 수 있는 자는 65세 이상으로 소득인정액이 보건복지부장관이 정하여 고시하는 금액 이하인 사람으로 한다.

② 기초연금은 65세 이상의 모든 노인에게 제공되는 보편적 현금 급여이다.

③ 「노인복지법」에 의한 노인여가복지시설에는 노인복지관, 경로당, 노인교실이 포함된다.

④ 장기요양보험제도는 요양시설에 거주하는 중증질환 노인들만을 대상으로 실시하고 있다.

18 사회복지사로서 역할 수행 중 다음과 같은 성찰이 생길 때 이에 대한 실마리를 제공하는 개념이 가장 적절하게 연결된 것은?

〈성찰 내용〉

㉠ 기초생활수급자가 현재 빈곤한 상태인지만을 가지고 업무를 진행하면 이들이 빈곤한 상태로 이르게 되는 맥락을 간과하는 것이 아닐까?

㉡ 경제활동에 참여하면서도 빈곤을 벗어나지 못하는 사람들이 있는데 이것은 왜 그럴까?

㉢ 우리 시(군)에 장애인들이 지역사회의 동등한 일원으로 살아갈 수 있도록 할 수는 없을까?

㉣ 우리지역의 복지예산이 부족한데 일인시위, 거리행진 등을 통해 이것을 이슈화하면 추후에 개선이 이루어지지 않을까?

〈개념〉

A. 신빈곤　　　　　　　　　　　B. 상대적 빈곤
C. 사회적 배제　　　　　　　　　D. 정상화
E. 사회행동　　　　　　　　　　F. 지역사회개발

	㉠	㉡	㉢	㉣
①	A	B	C	D
③	E	F	B	C

	㉠	㉡	㉢	㉣
②	C	A	D	E
④	F	D	E	A

19 「장애인차별금지 및 권리구제 등에 관한 법률」상 금지하는 차별에 해당될 수 있는 경우를 모두 고른 것은?

> ㉠ 정당한 사유 없이 장애인에 대하여 정당한 편의 제공을 거부한 경우
> ㉡ 정당한 사유 없이 장애인에 대한 제한·배제·분리·거부 등 불리한 대우를 표시·조장하는 광고를 직접 행하는 경우
> ㉢ 장애인보조기구의 정당한 사용을 방해하는 경우
> ㉣ 보조견의 정당한 사용을 방해하는 경우

① ㉠, ㉡, ㉢

② ㉠, ㉢, ㉣

③ ㉡, ㉣

④ ㉠, ㉡, ㉢, ㉣

20 사회복지실천의 개념 중 '사회복지사가 과거에 다른 사람에게 가졌던 감정을 현재의 클라이언트에게서 느끼는 현상'을 의미하는 것은?

① 라포(rapport)

② 자유연상(free association)

③ 역전이(counter-transference)

④ 임파워먼트(empowerment)

☞ 정답 및 해설 P.8

1 다음 제시문의 (   ) 안에 들어갈 용어가 바르게 연결된 것은?

> 사회보장급여의 수준에 관해「사회보장기본법」에는 국가와 지방자치단체는 모든 국민이 (㉠)하고 (㉡)적인 생활을 유지할 수 있도록 사회보장급여의 수준 향상을 위하여 노력하여야 한다고 규정하고 있다.

㉠	㉡
① 건강	문화
② 행복	창조
③ 건강	인간
④ 행복	도덕

2 우리나라 국민의 급여액 산정에 영향을 미치는 요소와 거리가 먼 것은?

① 가입기간
② 전체 가입자 평균소득
③ 본인의 최종소득
④ 전국소비자물가변동률

3 시장 기능만으로는 자원이 효율적으로 배분되지 못하는 시장 실패가 발생하는 원인으로 옳지 않은 것은?

① 불완전 경쟁이 발생할 경우
② 파생적 외부성이 발생할 경우
③ 서비스나 재화가 공공재일 경우
④ 정보의 비대칭성으로 인한 역선택 문제가 발생할 경우

4 방어기제에 대한 설명 중 옳은 것을 모두 고른 것은?

> ㉠ 스스로를 보호하기 위해 의식적으로 작동되는 심리기제이다.
> ㉡ 주로 사용하는 방어기제를 통해 그 사람의 성격적 특성을 알 수 있다.
> ㉢ 한 사람은 한 번에 하나의 방어기제만을 사용한다.
> ㉣ 일부 방어기제는 불안 감소뿐만 아니라 긍정적 결과도 가져온다.

① ㉠, ㉡   ② ㉠, ㉣

③ ㉡, ㉢   ④ ㉡, ㉣

5 사회복지법인에 대한 다음 설명으로 옳은 것은?

① 「사회보장기본법」에 근거한다.

② 사회복지법인이 아니면 사회복지시설을 운영할 수 없다.

③ 사회복지법인을 설립하려면 시·도지사의 인가를 받아야 한다.

④ 사회복지법인은 이사 7명 이상과 감사 2명 이상을 두어야 한다.

6 사회복지 실천모델에 대한 설명 중 옳지 않은 것은?

① 심리사회모델 : 인간의 문제를 심리적(정서적)인 동시에 사회적(환경적)인 문제로 이해하고, 클라이언트의 문제를 상황 속에서 파악하고 심리사회적으로 개입해야 함을 강조한다.

② 해결중심모델 : 클라이언트 문제의 개입 초반부터 문제의 해결을 모색할 수 있도록 클라이언트를 지원하고 격려하는 것을 강조한다.

③ 행동주의모델 : 단기개입, 구조화된 접근, 클라이언트의 자기결정권에 대한 존중, 클라이언트의 환경에 대한 개입, 개입의 책임성 등을 강조한다.

④ 인지행동주의모델 : 클라이언트가 자신의 사고와 행동을 통제하기 위한 대체기제를 학습하는 교육적 접근을 강조한다.

7 다음의 비스텍(Biesteck)이 제시한 사회복지사와 클라이언트 사이의 관계 형성의 원칙 중 하나를 설명한 것이다. 〈보기〉 내용에 가장 부합하는 원칙은?

〈보기〉

사회복지사는 클라이언트를 인간으로서의 존엄성과 가치를 지니는 독특한 개체로 인식해야 한다. 모든 인간은 독특한 자질과 특성을 가지고 있으며 개별적 욕구를 가지고 있으므로, 사회복지사는 각 클라이언트의 특수성을 이해하고, 다양한 원리와 방법을 활용해야 한다.

① 자기결정   ② 비심판적 태도

③ 개별화   ④ 수용

8 스핀햄랜드법(Speenhamland Act)에 관한 다음의 설명 중 옳은 것을 모두 고른 것은?

ㄱ. 빈민의 독립심과 노동능률을 저하시킨 법이다.
ㄴ. 오늘날의 가족수당 또는 최저생활보장의 기반이 된 법이다.
ㄷ. 스핀햄랜드법 제정에 따라 구빈세 부담이 줄어들고 노동자의 임금이 상승하였다.
ㄹ. 스핀햄랜드법의 핵심 내용이 개정구빈법(Poor Laws Reform of 1834)에 의해 폐지되었다.

① ㄱ, ㄹ   ② ㄱ, ㄴ, ㄹ

③ ㄴ, ㄷ, ㄹ   ④ ㄱ, ㄴ, ㄷ, ㄹ

9 산업화 이전과 산업화 이후의 사회복지 대상에 대한 인식과 범위의 변화를 설명한 것으로 옳지 않은 것은?

① 자선에서 시민의 권리로 변화되어 왔다.

② 최저수준에서 최적수준의 급여로 변화되어 왔다.

③ 보편성에서 특수성으로 변화되어 왔다.

④ 개인의 변화에서 사회개혁으로 변화되어 왔다.

10 사회복지조직의 일반환경 중 사회인구학적 조건에 해당하지 않는 것은?

① 사회계층   ② 노동윤리

③ 인구구조   ④ 소득수준

11 지역사회복지실천에서 활용될 수 있는 기술로서 옹호에 대한 설명으로 옳지 않은 것은?

① 옹호란 클라이언트나 시민의 이익 또는 권리를 위해 싸우거나, 대변하거나, 방어하는 활동이다.

② 거시적 실천기술로서 옹호는 개별적 문제를 공공의 쟁점으로 또는 개인적 문제를 사회적 쟁점으로 전환시킨다.

③ 시민권 확보를 위한 입법운동, 장애인 등을 포함한 위험에 처한 인구집단의 권리를 위한 투쟁 등은 대의옹호(cause advocacy)의 대표적 예이다.

④ 옹호활동은 개별 사례나 클라이언트 개인의 문제를 다루는 미시적 실천에서는 활용되기 어려우며 주로 지역사회 옹호나 정책옹호를 통해 이루어진다.

12 핀커스(Allen Pincus)와 미나한(Anne Minahan)의 사회복지실천의 4체계와 아래 상황이 바르게 연결된 것은?

> A가정의 남편은 자상하고 가정적이었지만 술을 마시기만 하면 늘 아내를 폭행하였다. 남편의 문제를 해결하기 위해 아내는 B복지관의 사회복지사를 찾아가 남편의 행동을 변화시켜 줄 것을 요청하였다. 이에 사회복지사는 A가정의 아내와 계약을 맺고, 남편의 폭행을 근절시키기 위해 가족치료전문가의 도움을 받아 어제부터 개입하기 시작하였다.

① 변화매개체계 – 남편   클라이언트체계 – 아내

② 클라이언트체계 – 아내   표적체계 – 남편

③ 표적체계 – 남편   행동체계 – 사회복지사

④ 행동체계 – 가족치료전문가   클라이언트체계 – 남편

13 다음 중에서 「한부모가족지원법」에 의한 국가와 지방자치단체의 한부모가족에 대한 복지 조치에 해당하지 않는 것은?

① 영양·건강에 대한 교육, 건강검진 등의 의료서비스를 지원할 수 있다.

② 아동교육비, 의료비, 주택자금 등의 복지자금을 대여할 수 있다.

③ 청소년 한부모가 학업을 할 수 있도록 교육비 등을 지원할 수 있다.

④ 공공시설에 매점을 허가할 경우 한부모가족에게 우선적으로 허가할 수 있다.

14 사회복지서비스 전달체계 구축의 주요 원칙 중 하나는 '접근용이성'의 원칙이다. 다음 중에서 서비스 접근의 장애요인에 해당되지 않는 것은?

① 서비스에 관한 정보 부족 또는 결여

② 소외의식이나 사회복지사와의 거리감 등 심리적 장애

③ 서비스 수혜 절차의 까다로움이나 긴 시간 소요 등 선정 절차 장애

④ 유사한 서비스 제공 기관들의 난립에 따른 선택 장애

15 다음 설명에서 설명하고 있는 척도는?

> 다수의 항목으로 인간의 태도 및 속성을 측정하여 응답한 각 항목의 점수를 합산하여 전체적인 특성을 측정하는 방법으로 총화평정척도라고도 한다. 한 문항보다 여러 문항을 하나의 척도로 사용해야 한다는 논리로 사회과학에서 많이 사용된다.

① 거트만 척도(Guttman scale)

② 보가더스 척도(Bogardus scale)

③ 서스톤 척도(Thurstone scale)

④ 리커트 척도(Likert scale)

16 사례관리(case management)에 대한 설명으로 옳은 것은?

① 서비스 전달체계의 단편성 및 서비스의 연속성 결여의 문제를 해결하기 위하여 서비스에 대하여 통합적으로 접근한다.

② 사례관리자는 대상자의 문제해결을 위해서 클라이언트 개인을 변화시키기 위한 직접적 서비스 제공에 초점을 두고 활동한다.

③ 시설보호에 초점을 두고, 시설에서 생활하는 클라이언트의 복합적인 욕구를 해결하기 위한 포괄적인 서비스 제공 체계를 구축하기 위해 시작되었다.

④ 클라이언트의 심리치료나 상담 등에 초점을 두고 개인적 변화를 달성하기 위한 것으로 환경보다는 개인을 강조하는 실천방법이다.

17 사회보험제도의 도입 역사에 대한 다음 서술 중 옳은 것은?

① 세계 최초의 사회보험제도는 독일의 산업재해보험(1883년)이다.

② 영국 국민보험법(1911년)은 질병보험과 노령연금으로 구성되었다.

③ 미국 사회보장법(1935년)은 노령연금과 실업보험을 도입하였다.

④ 베버리지보고서(1942년)는 사회보험 6대 원칙 중 하나로 소득에 비례한 기여를 제안하였다.

18 로스만(Rothman)의 지역사회복지 실천모델에 대한 설명으로 옳은 것은?

① 지역사회개발모델은 자조에 기반하며, 과업목표 지향적이다.

② 사회계획모델에서는 변화전략으로 주로 클라이언트의 임파워먼트(empowerment)가 사용된다.

③ 사회행동모델은 세 모델 중 전문가의 역할이 가장 중요하며, 이의제기, 데모 등 대항전략을 많이 사용한다.

④ 사회계획모델은 클라이언트의 역할이 가장 최소화된 모델이다.

19 국제노동기구(ILO)는 「사회보장 최저기준에 관한 조약」(1952년)을 통해 국가가 현대 산업사회에서 나타나는 사회적 위험으로부터 시민들을 보호하기 위해 사회보장 급여를 제공할 것을 권고하였다. 다음 중 이 조약에서 열거한 사회적 위험에 해당하지 않는 것은?

① 빈곤(poverty) ② 질병(sickness)
③ 실업(unemployment) ④ 임신 및 출산(maternity)

20 우리나라 사회복지 역사의 다음 사건들을 먼저 일어난 것부터 순서대로 바르게 나열한 것은?

> ㉠ 국민기초생활보장제도 시행
> ㉡ 최저임금제도 도입
> ㉢ 4대 사회보험체제 완비
> ㉣ 저출산·고령사회기본계획 수립

① ㉠ → ㉡ → ㉣ → ㉢ ② ㉡ → ㉢ → ㉠ → ㉣
③ ㉢ → ㉣ → ㉡ → ㉠ ④ ㉣ → ㉡ → ㉠ → ㉢

1 사회복지의 대상자를 결정할 때 기준이 되는 선별주의와 보편주의에 대한 설명으로 옳은 것은?

① 선별주의는 자산이나 욕구에 관계없이 특정 범주에 속한 모든 사람이 급여나 서비스를 받을 수 있음을 의미한다.

② 보편주의를 적용한 제도에는 빈곤층을 위한 공동주택, 공공부조 등이 있다.

③ 선별주의는 서비스가 필요한 대상을 선정하여 급여를 제공하기 때문에 비용의 효율성이 있다.

④ 보편주의는 개인의 소득을 조사하는 데서 기인하는 비인간화 과정을 수반한다.

2 카두신(Kadushin)이 제시한 아동복지서비스의 유형 중 지지적 서비스(supportive service)에 해당하지 않는 것은?

① 아동상담

② 가정위탁

③ 부모교육

④ 가족치료

3 「청소년 기본법」에 의한 청소년의 연령은?

① 18세 미만

② 만 19세 미만

③ 9세 이상 24세 이하

④ 15세 이상 25세 이하

4 다음 설명에 해당하는 사회복지사의 역할은?

> 클라이언트가 어려움에 스스로 대처하도록 그의 문제해결능력을 향상시키고 자원을 찾아 회복하게 하는 역할로서, 사회복지사가 이러한 변화를 일으키는 것이 아니라 클라이언트가 자신의 노력으로 변화되는 경험을 하도록 돕는 것이 중요함

① 옹호자(advocate)　　　　　　　② 중재자(mediator)

③ 창시자(initiator)　　　　　　　④ 조력자(enabler)

5 드림스타트(Dream Start)에 대한 설명으로 옳은 것만을 모두 고른 것은?

> ㉠ 아동과 가족을 대상으로 맞춤형 통합서비스 제공
> ㉡ 시 · 군 · 구가 아동통합서비스지원기관 설치 · 운영
> ㉢ 아동에 대한 사회투자의 중요성 강조
> ㉣ 아동의 사회진출 시 필요한 자립자금 마련

① ㉠, ㉡　　　　　　　　② ㉠, ㉢

③ ㉠, ㉡, ㉢　　　　　　④ ㉡, ㉢, ㉣

6 확률표집방법에 해당하는 것만을 모두 고른 것은?

> ㉠ 단순무작위표집　　　　　㉡ 체계적표집
> ㉢ 집락표집　　　　　　　　㉣ 할당표집
> ㉤ 층화표집

① ㉠, ㉡, ㉢　　　　　　　　② ㉡, ㉣, ㉤

③ ㉠, ㉡, ㉢, ㉤　　　　　　④ ㉠, ㉢, ㉣, ㉤

7 에스핑-앤더슨(Esping-Andersen)의 복지국가 유형화에 대한 설명으로 옳지 않은 것은?

① 탈상품화는 사람들이 시장 질서에 의존하지 않고 생계를 유지할 수 있는 정도를 말한다.

② 스웨덴 등 북유럽 복지국가 모델은 탈상품화의 정도가 가장 낮은 것으로 평가된다.

③ 탈상품화와 계층화의 개념을 사용하여 복지국가를 유형화하였다.

④ 복지국가를 자유주의 복지국가, 보수주의 복지국가, 사회민주주의 복지국가로 유형화하였다.

8 잔여적 사회복지와 제도적 사회복지에 대한 설명으로 옳은 것은?

① 잔여적 사회복지는 사회구성원 간의 상부상조를 주요기능으로 하고, 다른 사회제도의 기능과 구별되며 독립적으로 수행되는 제도이다.

② 제도적 사회복지는 사회복지 급여나 서비스를 국민에 대한 시혜로 간주한다.

③ 잔여적 사회복지는 사회복지 대상자에 대한 낙인감(stigma)을 수반하지 않는 것을 기본전제로 한다.

④ 잔여적 사회복지는 안전망 기능만을 수행하고, 제도적 사회복지는 제일선 기능을 수행한다.

9 리머(Reamer)가 제시한 윤리적 의사결정의 준거틀에 대한 설명으로 옳지 않은 것은?

① 타인의 자기결정권은 개인의 기본적인 복지권보다 우선한다.

② 개인의 자기결정권은 그 자신의 기본적 복지권보다 우선한다.

③ 자발적으로 동의한 법률, 규칙, 규정을 준수해야 하는 개인의 의무는 이러한 법률, 규칙, 규정과 갈등을 일으키는 방식으로 자유롭게 행동할 수 있는 개인의 권리보다 일반적으로 우선한다.

④ 개인의 복지에 대한 권리는 그와 갈등을 일으키는 법률, 규칙, 규정 및 자원단체의 협정보다 우선한다.

10 사회복지 급여의 형태 중 현물급여의 장점이 아닌 것은?

① 사회복지 정책목표의 효율성을 높일 수 있다.

② 규모의 경제를 실현함으로써 효과적인 분배가 가능하다.

③ 무제한 선택의 자유를 보장함으로써 비합리적 선택의 문제를 방지할 수 있다.

④ 급여용도 외로 사용될 가능성이 낮다.

11 사회복지 프로그램의 성과목표 설정에 대한 설명으로 옳지 않은 것은?

① 목표는 측정가능하여야 한다.

② 목표는 획득가능하여야 한다.

③ 목표는 시간이 설정되어야 한다.

④ 목표는 과정지향적이어야 한다.

12 과제중심모델에 대한 설명으로 옳은 것은?

① 개인의 내적 사고와 갈등 감정을 잘 이해하도록 도움으로써 사회적 기능을 향상하고자 한다.

② 개인의 비합리적 신념이나 인지적 오류를 변화시킴으로써 부정적 감정을 극복하고 긍정적인 행동 변화를 이끈다.

③ 클라이언트의 문제해결 능력을 향상하기 위하여 심리적인 변화와 사회환경적인 변화를 시도한다.

④ 리드(Reid)와 엡스타인(Epstein)이 대표적 학자이고, 클라이언트가 인식한 문제에 초점을 둔 단기개입을 한다.

13 사회복지실천에서 관계형성 및 유지 기술에 대한 설명으로 옳지 않은 것은?

① 통제된 정서적 관여 – 사회복지사는 클라이언트가 과도한 정서를 표출하지 않도록 통제해야 한다.

② 의도적 감정표현 – 사회복지사는 정서적 지지를 통해 클라이언트가 자신의 의견과 감정을 자연스럽게 표현할 수 있도록 기회를 마련해 주어야 한다.

③ 비밀보장 – 사회복지사는 클라이언트의 비밀을 보장해야 하지만 사례회의에서 면담내용이 공개될 수 있다.

④ 수용 – 사회복지사는 클라이언트를 있는 그대로 인정하고 받아들여야 하지만 일탈적 행동을 허용한다는 것은 아니다.

14 다문화가족의 적응력 향상을 위한 한국문화체험 프로그램을 논리모델(logic model)로 구성하였을 때, 다음 예시 (가)~(라)에 해당하는 요소를 바르게 연결한 것은?

> (가) 교육이수자 ○○명, 교육이수 ○○시간, 자격취득자 ○○명
> (나) 한국어 능력 향상, 한국문화 이해도 증진, 가족기능 강화
> (다) 건강가정사 ○명, 한국어강사 ○명, 사회복지사 ○명
> (라) 한국어 교육, 문화답사, 가족캠프

	(가)	(나)	(다)	(라)
①	산출	성과	투입	활동
②	투입	성과	산출	활동
③	투입	활동	산출	성과
④	산출	활동	성과	투입

15 사례관리의 특성으로 옳지 않은 것은?

① 서비스의 접근성 향상

② 공식적·비공식적 자원의 연계 및 조정

③ 직접적·간접적 서비스 수행

④ 서비스 비용의 증대 추구

16 자선조직협회와 인보관운동에 대한 설명으로 옳지 않은 것은?

① 자선조직협회와 인보관운동은 모두 빈민 구제를 목적으로 하였다.

② 자선조직협회의 주된 활동층은 중산층의 부인이었으나 인보관운동은 의식 있는 대학생이었다.

③ 자선조직협회는 활동 목표를 개인의 변화에 두었으나 인보관운동은 사회의 변화에 두었다.

④ 자선조직협회는 빈곤의 원인을 사회구조적인 책임으로, 인보관운동은 개인의 책임으로 보았다.

17 사회복지실천모델에 대한 설명으로 옳지 않은 것은?

① 심리사회모델은 상황 속의 인간(person-in-situation)을 강조한다.

② 위기개입모델은 초점화된 단기개입으로 클라이언트의 심리내적 변화에 일차적인 목표를 둔다.

③ 권한부여모델은 전문가적 접근성보다는 협력적인 파트너십과 해결지향적 접근을 강조한다.

④ 해결중심모델은 클라이언트의 문제 그 자체보다는 성공경험과 강점을 강화함으로써 해결책을 모색한다.

18 우리나라 사회복지사 윤리강령의 내용으로 옳지 않은 것은?

① 사회복지사는 자기가 속한 전문가 조직의 권익옹호를 최우선의 가치로 삼고 행동해야 한다.

② 사회복지사는 인권존중과 인간평등을 위해 헌신해야 하며, 사회적 약자를 옹호하고 대변하는 일을 주도해야 한다.

③ 사회복지사는 사회정의 실현과 클라이언트의 복지 증진에 헌신하며, 이를 위한 환경 조성을 국가와 사회에 요구해야 한다.

④ 사회복지사는 기관의 부당한 정책이나 요구에 대하여, 전문직의 가치와 지식을 근거로 이에 대응하고 즉시 사회복지윤리위원회에 보고해야 한다.

19 사회보험에 비해 공공부조의 장점은?

① 근로동기를 저해하는 부작용이 적다.

② 수직적인 소득재분배 효과가 높다.

③ 수급자가 낙인감(stigma)을 적게 느낀다.

④ 행정절차가 간소하여 비용이 적게 든다.

20 반두라(Bandura)의 사회학습이론에 대한 설명으로 옳은 것만을 모두 고른 것은?

> ㉠ 학습은 개인의 경험뿐만 아니라 관찰학습을 통해서 이루어진다.
> ㉡ 모방, 열등감, 조작적 조건화 등이 주요 개념이다.
> ㉢ 개인의 내적요인, 행동, 환경이 상호작용한다고 보는 상호결정론을 강조한다.
> ㉣ 성격의 지형학적 구조를 의식, 전의식, 무의식으로 나누었다.

① ㉠, ㉢ ② ㉠, ㉣

③ ㉡, ㉢ ④ ㉡, ㉣

1 강점 관점(strength perspective)에 대한 설명으로 옳지 않은 것은?

① 클라이언트의 문제를 사정하고 해결하기 위해 과거를 중요하게 본다.

② 클라이언트가 갖고 있는 내적·외적 자원을 활용하고자 한다.

③ 클라이언트의 문제를 도전, 전환점, 성장의 기회로 간주한다.

④ 클라이언트를 변화할 수 있는 능력을 가진 존재로 본다.

2 1601년 엘리자베스 구빈법에 대한 설명으로 옳지 않은 것은?

① 노동능력에 따라 빈민을 구분하고 차등적으로 처우하였다.

② 빈민구제를 국가책임으로 인식하였다.

③ 빈민구제를 담당하는 행정기관을 설립하고 구빈세를 부과하였다.

④ 구빈 수급자의 구제수준은 최하층 노동자의 생활수준보다 높지 않아야 한다는 원칙을 확립하였다.

3 인보관운동에 대한 설명으로 옳지 않은 것은?

① 영국의 토인비홀과 미국의 헐하우스가 대표적인 인보관이다.

② 사회조사를 통해 빈곤지역의 생활환경을 개선하고자 노력하였다.

③ 빈곤가정에 우애방문자를 파견함으로써 문제를 해결하고자 하였다.

④ 집단사회복지 발전의 기초가 되었다.

4 로스만(Rothman)이 제시한 지역사회복지 실천모델이 아닌 것은?

① 지역사회보호모델

② 지역사회개발모델

③ 사회계획모델

④ 사회행동모델

5 핀커스(Pincus)와 미나한(Minahan)이 제시한 사회복지사의 활동체계에 대한 설명으로 옳지 않은 것은?

① 변화매개체계는 사회복지사와 사회복지사를 고용하고 있는 기관 및 조직을 의미한다.

② 클라이언트체계는 변화노력을 달성하기 위해 상호작용하는 모든 체계들을 의미한다.

③ 행동체계는 변화목표를 설정하거나 표적에 영향을 미치기 위해 활용될 수 있다.

④ 표적체계는 목표달성을 위하여 직접적으로 영향을 주거나 변화가 필요한 사람들이다.

6 다음의 상황에서 사회복지사 A가 겪을 수 있는 윤리적 쟁점은?

> 사회복지사 A는 신입사회복지사 B의 이야기를 듣고 상사에게 보고해야 하는지에 대한 고민이 생겼다. 동료사회복지사 C가 신입사회복지사 B에게 자신의 프로그램 운영에 필요한 자료 제작을 지시하였을 뿐만 아니라, 개인적인 대학원 과제도 시키는 일이 있어 어떻게 해야 할지 난감하다고 하였기 때문이다.

① 제한된 자원의 공정한 분배

② 전문적 동료관계

③ 진실성 고수와 알 권리

④ 클라이언트의 이익과 사회복지사의 이익

7 로웬버그(Loewenberg)와 돌고프(Dolgoff)가 제시한 윤리적 원칙 심사표(Ethical Principles Screen)의 윤리원칙을 우선순위대로 바르게 나열한 것은?

> ㉠ 생명보호의 원칙　　　　　　　　　　㉡ 사생활과 비밀보장의 원칙
> ㉢ 삶의 질의 원칙　　　　　　　　　　　㉣ 평등과 불평등의 원칙
> ㉤ 진실성과 완전공개의 원칙　　　　　　㉥ 최소 해악의 원칙
> ㉦ 자율성과 자유의 원칙

① ㉠→㉣→㉡→㉦→㉥→㉤→㉢

② ㉠→㉣→㉦→㉥→㉢→㉡→㉤

③ ㉠→㉦→㉢→㉣→㉤→㉥→㉡

④ ㉠→㉦→㉣→㉥→㉡→㉢→㉤

8 「노인복지법」상 노인복지시설의 종류에 해당하는 것만을 모두 고른 것은?

> ㉠ 노인주거복지시설　　　　　　　　　　㉡ 노인의료복지시설
> ㉢ 재가노인복지시설　　　　　　　　　　㉣ 노인보호전문기관
> ㉤ 노인여가복지시설

① ㉠, ㉣, ㉤

③ ㉠, ㉡, ㉢, ㉣

② ㉡, ㉢, ㉤

④ ㉠, ㉡, ㉢, ㉣, ㉤

9 에릭슨(Erikson)의 심리사회적 발달 단계에서 제6단계(성인초기)의 심리사회적 위기는?

① 자아통합 대 절망

② 정체감 대 정체감 혼란

③ 친밀감 대 고립감

④ 생산성 대 침체

10 공적연금에 대한 설명으로 옳지 않은 것은?

① 대표적인 4대 공적연금 중 가장 먼저 시행된 것은 군인연금이다.

② 공적연금에는 국민연금과 특수직역연금이 있다.

③ 사립학교교직원연금은 공적연금에 해당한다.

④ 노령연금은 국민연금의 급여 종류에 해당한다.

11 행동주의모델의 치료기법이 아닌 것은?

① 체계적 둔감화   ② 자기주장훈련

③ 자유연상   ④ 이완훈련

12 장애인복지의 이념에 대한 설명으로 옳지 않은 것은?

① 자립생활이란 다른 사람에게 의존하지 않고 장애인 자신이 삶의 주체가 되어 자기결정권을 행사하는 것이다.

② 평등은 장애를 가진 사람도 비장애인과 동일한 의무와 권리가 인정되고 평등한 기회를 보장받는 것이다.

③ 사회통합이란 장애인이 가지고 있는 불리를 경감하고 해소하여 의미 있는 사회참여를 할 수 있도록 하는 것이다.

④ 정상화는 장애인만의 생활방식과 리듬을 강조하면서 장애인이 정상적인 발달경험을 할 수 있도록 시설에 보호하는 것이다.

13 제도적 사회복지에 대한 설명으로 옳지 않은 것은?

① 사회문제에 대한 사회적 책임을 강조한다.

② 보충성 원칙에 입각하고 있다.

③ 주요 사회보장제도는 사회보험이다.

④ 사회통합의 기능을 한다.

14 「국민기초생활 보장법」의 내용으로 옳지 않은 것은?

① 이 법은 생활이 어려운 사람에게 필요한 급여를 실시하여 이들의 최저생활을 보장하고 자활을 돕는 것을 목적으로 한다.

② 생계급여 최저보장수준은 생계급여와 소득인정액을 포함하여 생계급여 선정기준 이상이 되도록 하여야 한다.

③ 보장기관은 대통령령으로 정하는 바에 따라 근로능력이 있는 수급자에게 자활에 필요한 사업에 참가할 것을 조건으로 하여 생계급여를 실시할 수 있고 이 경우 자활지원계획을 고려하여 조건을 제시하여야 한다.

④ 이 법에 따른 급여는 부양의무자의 부양과 다른 법령에 따른 보호에 우선하여 행하여지는 것으로 한다.

15 길버트(Gilbert)와 테렐(Terrell)이 제시한 사회복지정책 분석틀을 구성하는 주요 선택의 차원에 대한 설명으로 옳지 않은 것은?

① 할당, 급여, 전달, 재정으로 구성되어 있다.

② 할당은 수급자를 누구로 할 것인가에 관한 것이다.

③ 급여는 재정마련의 방법에 관한 것으로 공공, 민간, 혼합 형태가 있다.

④ 전달은 서비스 전달 방식과 주체에 관한 것이다.

16 사회복지조사에서 내적 타당도(internal validity)의 저해요인이 아닌 것은?

① 통계적 회귀(statistical regression)

② 도구 효과(instrumentation effect)

③ 외부 사건(history)

④ 무작위 오류(random error)

17 사회복지 정책결정모형에 대한 설명으로 옳은 것은?

① 쓰레기통모형은 정책결정자가 높은 합리성을 가지고 주어진 상황에서 최선의 정책 대안을 찾아낼 수 있다고 본다.

② 혼합모형은 합리적 요소와 함께 직관, 판단, 통찰력과 같은 초합리적 요소를 바탕으로 정책결정을 한다고 본다.

③ 최적모형은 과거의 정책결정을 기초로 하여 약간의 변화를 추구하면서 새로운 정책대안을 검토하고 점증적으로 수정하는 과정을 거친다고 본다.

④ 만족모형은 정책결정 과정에서 모든 정책대안이 다 고려되지 않고 고려될 수도 없다고 본다.

18 로마니쉰(Romanyshyn)이 제시한 사회변화에 따른 사회복지 개념의 변화로 옳은 것만을 모두 고른 것은?

> ㉠ 최적생활 보장에서 최저생활 보장으로 변화
> ㉡ 자선에서 시민의 권리로 변화
> ㉢ 특수성에서 보편성의 성향으로 변화
> ㉣ 공공지원에서 민간지원으로 변화
> ㉤ 개인의 변화에서 사회의 개혁으로 변화

① ㉠, ㉡, ㉣

② ㉠, ㉢, ㉣

③ ㉡, ㉢, ㉤

④ ㉢, ㉣, ㉤

19 다음은 「사회보장기본법」상 사회보장의 정의에 대한 설명이다. ㉠～㉢에 들어갈 용어를 바르게 연결한 것은?

> 사회보장이란 (㉠), (㉡), (㉢), 노령, 장애, 질병, 빈곤 및 사망 등의 사회적 위험으로부터 모든 국민을 보호하고 국민 삶의 질을 향상시키는 데 필요한 소득·서비스를 보장하는 사회보험, 공공부조, 사회서비스를 말한다.

	㉠	㉡	㉢
①	재해	자립	고용
②	출산	재해	실업
③	양육	고용	자립
④	출산	양육	실업

20 집단사회복지실천의 주요 개념에 대한 설명으로 옳지 않은 것은?

① 집단규범은 집단 성원 모두가 집단에서 적절한 행동방식이라고 믿고 있는 신념이나 기대를 의미한다.
② 집단응집력은 '우리'라는 강한 일체감 또는 소속감을 의미한다.
③ 집단문화는 특정 성원이 집단 내에서 수행해야 할 구체적인 과업이나 기능과 관련된 행동을 의미한다.
④ 집단역동성은 집단 내에서 작용하는 사회적인 힘과 상호작용을 의미한다.

1 자조집단을 만드는 동기는?

① 경쟁

② 자선

③ 상부상조

④ 기업의 사회적 책임감

2 다음 사회복지시설 중 이용시설은?

① 노인여가복지시설

② 아동양육시설

③ 장애인거주시설

④ 모자가족복지시설

3 사회복지급여 수급권에 대한 설명으로 옳지 않은 것은?

① 사회복지급여 수급권은 정당한 이유 없이 불이익하게 변경될 수 없다.

② 사회복지급여 수급권은 상속될 수 없다.

③ 사회복지급여 수급권을 행사하는 자는 수급 절차 및 과정에서 각종 보고와 자료제출 등의 의무를 이행해야 한다.

④ 사회복지급여 수급권은 행정기관의 재량행위에 의해 인정된다.

4 〈보기 1〉의 급여형태와 〈보기 2〉의 예시를 바르게 연결한 것은?

〈보기 1〉

㉠ 현금급여   ㉡ 현물급여

㉢ 증서   ㉣ 기회

〈보기 2〉

A. 「장애인고용촉진 및 직업재활법」의 장애인의무고용
B. 보건복지부의 사회서비스 전자바우처
C. 「노인장기요양보험법」의 방문목욕
D. 「국민연금법」의 노령연금

① ㉠ – D   ② ㉡ – B

③ ㉢ – A   ④ ㉣ – C

5 소득재분배에 대한 설명으로 옳지 않은 것은?

① 사회보장제도에서 보호하는 위험의 종류와 적용대상 범위는 소득재분배의 효과에 영향을 미친다.

② 자녀가 없는 계층으로부터 자녀가 있는 계층으로 소득이 재분배되는 형태는 수평적 재분배에 해당한다.

③ 공적연금제도의 재정조달방식에서 적립방식은 부과방식보다 세대 간 재분배 효과가 더 뚜렷하게 나타난다.

④ 누진세를 재원으로 하는 공공부조제도는 기여금을 재원으로 하는 사회보험제도보다 수직적 소득재분배 효과가 더 크다.

6 사회복지실천모델의 기본 가정과 주요 개입 기술을 모두 바르게 연결한 것은?

	사회복지실천모델	기본 가정	주요 개입 기술
①	심리사회모델	인간은 개인적·환경적·인지적 영향력 사이에서 끊임없이 상호작용하면서 행동하는 존재다.	인지 재구조화
②	해결중심모델	인간은 누구나 문제해결능력을 가지고 있으며, 변화는 불가피하다.	예외 질문
③	인지행동모델	인간의 현재 행동을 이해하기 위해서는 과거 경험에 대한 탐색이 중요하다.	발달적 고찰
④	위기개입모델	인간은 감당하기 어려운 상황에 직면하게 되면 균형 상태가 깨져 혼란 상태에 놓인다.	관계성 질문

7 다음 그림에서 임계경로(critical path)로 옳은 것은?

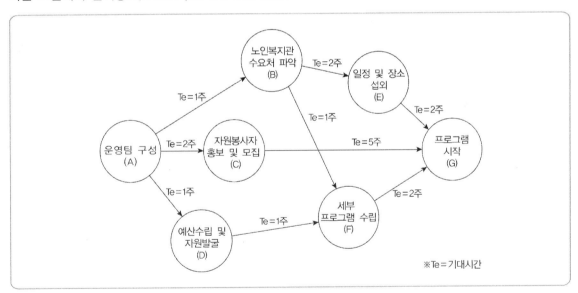

① A → B → E → G
② A → B → F → G
③ A → C → G
④ A → D → F → G

8 테일러-구비(Taylor-Gooby)가 주장하는 신사회적 위험의 발생 원인으로 옳지 않은 것은?

① 저출산에 따른 생산가능인구의 감소로 인한 국가 경쟁력 하락

② 여성의 경제활동참여 증가에 따른 일-가정 양립의 어려움

③ 미숙련 생산직의 비중 하락을 가져온 생산기술의 변동으로 인한 저학력자들의 사회적 배제

④ 고령화에 따른 노인돌봄을 위해 가족구성원의 경제활동 포기로 인한 소득 감소

9 리더십이론에 대한 설명으로 옳은 것은?

① 리더십 특성이론은 리더가 가진 특성이나 자질을 강조하면서, 그러한 특성과 자질을 학습하면 누구나 리더가 될 수 있다고 주장한다.

② 허시와 블랜차드(Hersey & Blanchard)의 상황이론에서는 리더십 유형의 유효성을 높일 수 있는 상황조절변수로 리더의 성숙도를 들고 있다.

③ 피들러(Fiedler)의 상황이론에서는 상황의 주요 구성요소로 리더와 부하의 관계, 과업이 구조화되어 있는 정도, 관리자의 지위권력 정도를 제시한다.

④ 블레이크와 머튼(Blake & Mouton)이 제시하는 관리격자이론에서는 중도(middle-of-the-road)형 리더십을 가장 이상적인 리더십으로 간주한다.

10 〈보기 1〉의 ㉠~㉣에 들어갈 말을 〈보기 2〉의 ⓐ~ⓗ에서 바르게 연결한 것은?

〈보기 1〉

• (㉠)는(은) 어머니를 미워하는 것이 자아에 수용될 수 없으므로 나 자신이 미운 것으로 대치시키는 것으로서 우울증을 야기하는 중요한 기제로도 여겨진다.

• (㉡)는(은) 보상과 속죄의 행위를 통해 죄책감을 일으키는 충동이나 행동을 중화 또는 무효화하는 것이다.

• (㉢)는(은) 실패가능성이 있거나 심한 좌절, 불안감을 느낄 때 초기의 발달단계나 행동양식으로 후퇴하는 것이다.

• (㉣)는(은) 받아들일 수 없는 욕망, 기억, 사고 따위를 의식 수준에서 몰아내어 무의식으로 추방하는 것이다.

〈보기 2〉

ⓐ 반동형성　　　　　　　　ⓑ 퇴행
ⓒ 취소　　　　　　　　　　ⓓ 전환
ⓔ 합리화　　　　　　　　　ⓕ 투사
ⓖ 투입　　　　　　　　　　ⓗ 억압

　　㉠ ㉡ ㉢ ㉣　　　　　　　　　　㉠ ㉡ ㉢ ㉣
① ⓓ ⓒ ⓐ ⓗ　　　　　　　② ⓖ ⓒ ⓑ ⓗ
③ ⓓ ⓔ ⓐ ⓕ　　　　　　　④ ⓖ ⓔ ⓑ ⓕ

11 최근 우리나라의 가족생활주기 변화현상에 대한 설명으로 옳지 않은 것은?

① 초혼 연령이 높아지면서 가족생활주기가 시작되기 전까지의 기간이 길어지고 있다.

② 첫 자녀결혼 시작에서 막내 자녀결혼 완료까지의 기간은 출산 자녀 수의 감소로 짧아지고 있다.

③ 평균수명 증가, 자녀 수 감소 등으로 인해 가족생활주기가 변화되고 있다.

④ 새로운 가족유형이 나타나면서 가족생활주기별 구분이 보다 더 뚜렷해지고 있다.

12 다음 설명에 해당하는 의사결정기법은?

- 어떤 주제에 대해 전문가들의 합의를 얻으려고 할 때 적용될 수 있다.
- 전문가들에게 우편으로 의견이나 정보를 수집한 후, 분석한 결과를 다시 응답자들에게 보내 의견을 묻는 방식이다.
- 전문가가 자유로운 시간에 의견을 제시할 수 있는 장점이 있지만, 시간이 많이 걸리고 반복하는 동안 응답자의 수가 줄어드는 문제가 있다.

① 의사결정나무분석기법 ② 브레인스토밍
③ 명목집단기법 ④ 델파이기법

13 마셜(Marshall)이 제시한 시민권에 대한 설명으로 옳지 않은 것은?

① 시민권은 사회권, 참정권, 공민권의 순서로 발달하였다.
② 공민권이란 법 앞에서의 평등, 신체의 자유, 언론의 자유 등과 같은 권리를 의미한다.
③ 사회권을 보장하기 위한 대표적인 장치로 교육과 사회복지제도를 제시하였다.
④ 투표할 수 있는 권리와 정치과정에 참여할 수 있는 권리는 참정권에 해당한다.

14 클라이언트의 고지된 동의(informed consent)에 대한 설명으로 옳지 않은 것은?

① 사회복지사는 클라이언트가 받는 서비스의 범위와 내용에 대해 정확하고 충분한 정보를 제공하고 클라이언트의 동의를 얻어야 한다.
② 고지된 동의는 클라이언트의 자기결정의 가치를 실현하기 위한 윤리원칙이다.
③ 원칙적으로 고지된 동의가 이루어지기 위해서는 클라이언트가 충분한 정보를 제공받아서 지식을 갖추고 있고, 자발적으로 동의를 해야 하며, 동의를 할 수 있는 능력을 갖추고 있어야 한다.
④ 클라이언트를 대상으로 연구하는 사회복지사는 클라이언트로부터 고지된 동의를 얻을 필요가 없다.

15 로렌츠 곡선에 대한 설명으로 옳지 않은 것은?

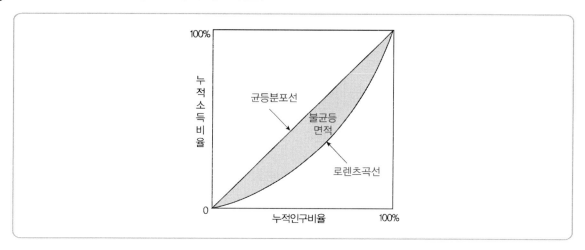

① 균등분포선과 로렌츠 곡선이 이루는 면적(빗금 친 부분)이 클수록 소득불평등도는 커진다.

② 로렌츠 곡선과 균등분포선이 일치하는 사회에서는 누적인구비율 20%의 누적소득비율은 20%가 된다.

③ 로렌츠 곡선은 전체적인 소득불평등 상태를 알아보는 데 유용하다.

④ 한 사회의 모든 구성원의 소득이 같다면 지니계수는 1이 된다.

16 다음 사례에서 컴튼(Compton)과 갤러웨이(Galaway)가 분류한 사회복지실천체계를 바르게 연결한 것은?

알코올중독자인 남편 甲은 술만 먹으면 배우자인 乙에게 폭력을 행사한다. 이를 견디다 못한 乙은 사회복지사 丙을 찾아가 甲의 알코올중독에 따른 가정폭력 문제를 호소하였다. 丙은 乙의 문제를 함께 해결해 가기 위해 계약을 맺고, 甲의 가정폭력을 해결할 수 있는 방안을 찾기로 했다.

한편, 甲과 乙의 고등학생 아들인 丁은 비행을 저질러 법원(戊)으로부터 보호관찰처분에 따른 부가처분으로 상담을 명받아 丙을 찾아왔다.

① 甲 : 클라이언트체계, 丙 : 변화매개체계

② 甲 : 표적체계, 乙 : 클라이언트체계

③ 乙 : 클라이언트체계, 丙 : 행동체계

④ 丁 : 의뢰체계, 戊 : 변화매개체계

17 다음 사례에서 甲에게 적용되는 사회보험 급여는?

> 甲은 4대 사회보험(국민건강보험, 산업재해보상보험, 고용보험, 국민연금)이 적용되는 제조업체에서 일하는 30대 정규직 근로자이다. 甲은 휴일에 중학교 동창 친구들과 나들이를 갔다가 손목을 다쳤다. 장애 판정을 받을 만큼 심각하지 않았기 때문에, 퇴근 후 거주지 부근 정형외과를 다니며 치료를 받았다. 업무를 수행할 때 약간 불편하지만, 일을 그만둘 정도는 아니므로 현재 정상적으로 근무하는 중이다.

① 국민건강보험에 의한 요양급여

② 국민연금에 의한 노령연금

③ 산업재해보상보험에 의한 장해급여

④ 고용보험에 의한 조기재취업수당

18 단일사례조사에 대한 설명으로 옳지 않은 것은?

① 사회복지실천에서 단일사례조사는 개입 전과 후를 비교하여 그 효과를 증명하는 데 활용된다.

② 단일사례조사 결과 분석 방법 가운데 경향선 접근은 기초선이 안정적일 때 사용한다.

③ 시각적 분석은 기초선단계와 개입단계에 그려진 그래프를 보면서 개입변화 여부를 확인하는 방식이다.

④ 단일사례조사에서 표적행동은 개입에 따라 변화가 기대되는 대상으로서 종속변수가 된다.

19 사회복지조직이론에 대한 설명으로 옳은 것은?

① 과학적 관리론(scientific management theory)에 따르면 조직은 갈등과 불화가 존재하는 체계이며, 조직의 목표가 분명치 않아 조직관리자가 우선순위를 정하기 어렵다.

② 사회복지서비스의 질은 객관성 있게 측정될 수 있기 때문에 총체적품질관리(TQM : Total Quality Management)는 사회복지조직에 적용하기에 적합한 관리기법이다.

③ 제도이론(institutional theory)은 폐쇄체계적 관점에서 조직 자체의 규범이나 규칙 등과 같은 제도에 의해 조직 성격이 규정되고 조직생존이 결정된다고 주장한다.

④ 조직군생태학이론(population-ecology theory)은 조직을 개방체계로 인식하면서 조직의 생존은 결국 환경이 결정한다는 결정론적 입장을 취한다.

20 다음 법을 먼저 제정된 순서대로 바르게 나열한 것은?

> ㉠ 「사회보장급여의 이용·제공 및 수급권자 발굴에 관한 법률」
> ㉡ 「장애인차별금지 및 권리구제 등에 관한 법률」
> ㉢ 「청소년복지지원법」
> ㉣ 「학교 밖 청소년 지원에 관한 법률」

① ㉠→㉡→㉢→㉣

② ㉡→㉢→㉠→㉣

③ ㉢→㉡→㉣→㉠

④ ㉢→㉣→㉡→㉠

1 사회복지관 사업의 3대 기능분야가 아닌 것은?

① 사례관리기능
② 지역조직화기능
③ 서비스제공기능
④ 역량강화기능

2 질적 연구에 대한 설명으로 옳은 것은?

① 과학적 실증주의(positivism)를 기반으로 한다.
② 인과관계의 법칙과 작용을 밝혀내며 가치중립적이다.
③ 귀납적 논리방법이 대부분 사용된다.
④ 주로 이론을 바탕으로 가설을 도출한 다음에 가설을 검증한다.

3 현재 시행되고 있는 복지제도에 대한 설명으로 옳은 것은?

① 국민기초생활보장제도는 수급권자 본인이 신청하지 않으면 수급권이 주어지지 않는다.
② 국민연금의 노령연금 수급연령은 90세까지이다.
③ 노인장기요양보험은 65세 미만이어도 요양등급을 받으면 혜택을 받을 수 있다.
④ 고용보험은 실업 사유와 상관없이 모든 실업자는 실업급여를 받을 수 있다.

4 사회복지실천의 사정(assessment) 도구에 대한 설명을 바르게 연결한 것은?

> ㈎ 가족과 환경체계의 관계를 다양한 선으로 표현함으로써 가족과 환경체계 간의 상호작용 양상을 파악할 수 있다.
>
> ㈏ 가족의 2~3세대 이상에 대한 정보를 제공해 주며, 가족 내에서 반복되는 정서적·행동적 패턴을 이해할 수 있다.

	㈎	㈏
①	가계도	생태도
②	생태도	소시오그램
③	소시오그램	가계도
④	생태도	가계도

5 다음 사례관리실천에서 사용된 사례관리자의 관점은?

> • 힘든 역경 속에서도 지금까지 어떻게 그렇게 버티어 올 수 있었나요?
> • 살아오면서 지금보다 조금 나았을 때는 언제였나요?
> • 어려운 상황에서도 나에게 조금이라도 도움이 되어준 것은 무엇이었나요?

① 생태체계적 관점   ② 강점 관점

③ 옹호 관점   ④ 네트워크 관점

6 자선조직협회(COS)에 대한 설명으로 옳은 것만을 모두 고르면?

> ㉠ 개별사회사업(casework) 발전에 기여
> ㉡ 과학적 자선(scientific charity)에의 기여
> ㉢ 지역사회복지(community welfare)의 기본적인 모형 제공
> ㉣ 사회조사(social survey) 기술의 발전 도모

① ㉠, ㉡   ② ㉠, ㉡, ㉣

③ ㉠, ㉢, ㉣   ④ ㉠, ㉡, ㉢, ㉣

7 길버트와 테렐(Gilbert & Terrell)이 분류한 할당의 원리와 관련하여 할당의 세부원칙, 원칙의 결정기준, 사례를 연결한 것으로 옳지 않은 것은?

할당의 세부원칙	원칙의 결정기준	사례
① 귀속적 욕구	욕구에 대한 경제적 기준에 근거한 집단지향적 할당	도시재개발에 의해 피해를 입은 사람
② 보상	욕구에 대한 규범적 기준에 근거한 집단지향적 할당	사회보험 가입자
③ 진단적 구분	욕구의 기술적 · 진단적 기준에 근거한 개인별 할당	「장애인복지법」상의 수급자
④ 자산조사에 의한 욕구	욕구에 대한 경제적 기준에 근거한 개인별 할당	「국민기초생활 보장법」상 수급자

8 로스만(Rothman)의 지역사회복지실천 모델에 대한 설명으로 옳지 않은 것은?

① 지역사회개발모델은 주민의 참여를 바탕으로 지역사회 내 문제를 주민들 스스로 해결할 수 있도록 하여 긍정적인 환경을 만드는 것이다. 따라서 역량강화기술이 강조된다.

② 사회계획모델은 지역사회 내 권력과 자원의 재분배, 사회적 약자에 대한 의사결정의 접근성을 강화함으로써 지역사회의 변화에 초점을 두고 있다. 따라서 갈등, 대결, 직접적 행동, 협상 등의 전술을 사용한다.

③ 사회행동모델은 소수인종집단, 학생운동, 여성해방 혹은 여권신장운동, 복지권운동, 소비자보호운동 등에서 주로 사용된다.

④ 지역사회개발모델에서 지역복지실천가는 조력자, 조정자, 안내자, 문제해결기술 훈련자의 역할을 담당한다.

9 아동복지 대상과 서비스 분류에 대한 설명으로 옳지 않은 것만을 모두 고르면?

> ㉠ 지지적 서비스는 가정을 이탈한 아동이 다른 체계에 의해 보호를 받는 동안 부모를 지원하여 가족 기능을 강화하도록 하는 상담서비스이다.
> ㉡ 선별주의 원칙에 따라 보호가 필요한 아동으로, 보편주의 원칙에 따라 일반 아동으로 구분한다.
> ㉢ 일하는 어머니를 도와주는 보육서비스는 보완적(보충적) 서비스에 해당된다.
> ㉣ 아동에 대한 가정 외 서비스에는 시설보호, 위탁가정, 일시보호소, 쉼터 서비스 등이 포함된다.
> ㉤ 가장 예방적인 접근인 대리적 서비스는 재가서비스 형태로 이루어진다.

① ㉠, ㉢   ② ㉠, ㉤
③ ㉡, ㉢   ④ ㉡, ㉣

10 에스핑-앤더슨(Esping-Andersen)의 복지국가 유형화 논의에 대한 설명으로 옳지 않은 것은?

① 자유주의 복지체제에서는 탈상품화 정도가 낮다.
② 보수주의 복지체제에서는 사회보험이 발달되어 탈상품화 효과는 제한적이다.
③ 사회민주주의 복지체제에서는 선별주의와 자조의 원칙에 따라 탈상품화 효과가 크다.
④ 탈상품화와 계층화 등의 개념으로 복지국가체제를 유형화하였다.

11 선별적 사회복지의 특징으로 옳은 것만을 모두 고르면?

> ㉠ 예외주의 이념에 기반을 두고 있다.
> ㉡ 사회복지의 대상을 사회적 약자나 요보호대상자로 한정한다.
> ㉢ 서비스를 받는 것에 대한 낙인이 없다.
> ㉣ 사회복지를 국민의 권리로 간주한다.
> ㉤ 사회문제는 사회체계의 불완전성과 불공평성에서 기인한다고 본다.

① ㉠, ㉡   ② ㉡, ㉢
③ ㉠, ㉡, ㉣   ④ ㉡, ㉢, ㉤

12 우리나라의 노후 소득보장정책에 대한 설명으로 옳은 것은?

① 국민기초생활보장제도는 공공부조 프로그램으로 선별주의 제도이다.

② 노후 소득보장정책은 기초연금제도와 기초노령연금제도로 이원화되어 있다.

③ 국민연금 가입대상에서 제외되는 직군은 공무원과 군인뿐이다.

④ 2018년 현재 노인수당인 경로연금제도를 운영하고 있다.

13 사회복지사가 청소년과의 면담에서 사용한 기법 ㉠, ㉡을 바르게 연결한 것은?

청소년 : 우리 부모님은 폭군이에요. 항상 자기들 마음대로 해요. 나를 미워하고 내가 불행해지기를 바라
는 것 같아요. 가출하고 싶을 때가 한두 번이 아니에요.
사회복지사 : 부모님 때문에 숨이 막힐 것처럼 느끼는구나.(㉠)
내가 보기에는 부모님이 과격하게 사랑을 표현한 것 같아.(㉡)
힘들었을 텐데 지금까지 잘 견뎌왔구나.

	㉠	㉡
①	해석	직면
②	공감	직면
③	공감	재명명
④	명료화	재보증

14 정보화에 따른 사회복지부문의 통합 전산 정보시스템 구축에 대한 설명으로 적절하지 않은 것은?

① 2000년대 이후 보편적 사회서비스의 확대로 인해 정부부처들과 지방자치단체 및 민간부문의 정보들
이 연결될 필요성이 높아졌다.

② 사회보장정보시스템(행복e음)은 지방자치단체에서 수행하는 복지사업을 지원하기 위한 통합 정보시
스템이다.

③ 사회복지시설정보시스템은 민간부문의 사회복지서비스기관들이 생산하는 자료들을 직접 수집하지
않는다.

④ 통합 정보를 통한 트래킹 시스템(tracking system, 이력관리 시스템)은 생애주기별 사례관리에 긴
요하지만, 클라이언트 비밀 보장이나 개인정보 보호에 취약성을 가질 수 있다.

15 「노인복지법」상 같은 종류의 노인복지시설에 해당하지 않는 것은?

① 노인전문병원, 주 · 야간보호서비스

② 양로시설, 노인공동생활가정

③ 노인요양시설, 노인요양공동생활가정

④ 노인복지관, 경로당

16 비에스텍(Biestek)이 제시한 사회복지실천 관계의 기본원칙에 대한 설명으로 옳지 않은 것은?

① 의도적인 감정 표현 – 사회복지사는 클라이언트가 자신의 감정을 자유롭게 표현하도록 하며, 클라이언트가 표현한 많은 것을 적극적으로 경청하여야 한다.

② 개별화 – 사회복지서비스의 대상자를 각각 독특한 자질을 가진 사람으로 인정해야 한다.

③ 수용 – 클라이언트의 말과 감정에 동조하거나 비난하는 태도를 보이지 않고 있는 그대로 받아들인다.

④ 자기결정 – 사회복지사는 실천과정에 함께 참여하도록 하고, 클라이언트의 능력에 상관없이 클라이언트 스스로 모든 사항을 직접 결정할 수 있도록 원조해야 한다.

17 다음 사례에 적용된 학교사회복지 접근모델은?

> 낙후지역인 A지역에 소재한 B중학교 학생들의 생활실태를 조사하였다. 그 결과, 한부모가정의 비율이 높고, 부모의 직업은 일용직 · 임시직 비율이 높았다. 학생들은 수업이 끝난 후 혼자 방치되거나 오락실이나 PC방에서 대부분의 시간을 보내면서 식사는 결식 또는 인스턴트식품으로 해결하는 등 물리적 방임과 의료적 방임을 경험하고 있었다. 또한 이들 학생들은 학업성취도가 낮고 집단따돌림을 당하는 등 학교적응이 어려운 상황이었다.
> B중학교 학교사회복지사는 이들을 표적집단으로 선정한 후, 교육서비스와 복지서비스를 제공할 수 있도록 계획을 수립하였다. 우선 가까운 대학에 있는 사회복지학과 학생들과 일대일 멘토링프로그램을 통하여 정서지원서비스를 제공하고, 사범대학 학생들의 도움을 받아 방과후 학생들에게 학업지원서비스를 제공하였다. 또한 인근 사회복지관과 연계하여 가정도우미를 추천받아 학생의 가정에 정기적으로 방문하여 저녁밥 서비스를 제공하는 사업을 기획하였다.

① 학교변화모델

② 사회적 상호작용모델

③ 지역사회 학교모델

④ 학교 – 지역사회 – 학생관계모델

18 정책결정모형에 대한 설명으로 옳은 것만을 모두 고르면?

> ㉠ 점증모형은 기존의 정책에 기반한 약간의 정책 개선이나 수정을 강조하는 정책결정모형으로 이상적·경제적 합리성보다는 시민의 지지를 얻을 수 있는 정치적 합리성을 더 추구하는 모형이라 할 수 있다.
> ㉡ 쓰레기통 모형은 조직화된 무질서 상태를 가정하면서 정책결정이 일정한 규칙에 따라 이루어지는 것이 아니라 정책결정에 필요한 여러 가지 흐름이 우연히 한곳에 모여져 정책결정이 이루어진다고 보는 모형이다.
> ㉢ 만족모형은 합리모형과 점증모형의 절충적인 형태로서 중요한 문제의 경우에는 합리모형에서와 같이 포괄적 관찰을 통해 기본적인 정책결정을 하고, 이후 기본적인 결정을 수정·보완하면서 세부적인 사안을 점증적으로 결정한다는 모형이다.
> ㉣ 합리모형은 인간이 매우 이성적이며 고도의 합리성에 따라 행동하고 결정한다는 전제하에 정책결정에는 경제적 합리성과 함께 직관, 통찰력, 창의력 등을 동시에 고려해야 한다는 모형이다.

① ㉠, ㉡

② ㉡, ㉣

③ ㉢, ㉣

④ ㉠, ㉡, ㉢

19 다음 표에서 임계경로(critical path)를 순서대로 바르게 나열한 것은?

작업	선행 작업	소요 기간(일)
A	없음	2
B	A	6
C	A	4
D	B, C	2
E	D	4
F	D	3
G	E	2
H	E	4
I	F	2
J	F	1
K	G, H	2
L	I, K	2
M	J, L	3

① A→B→D→E→G→K→L→M

② A→B→D→E→H→K→L→M

③ A→C→D→E→G→K→L→M

④ A→C→D→F→H→K→L→M

20 〈보기 1〉의 사회복지 전달체계 문제 상황에서 ㉠~㉢에 들어갈 말을 〈보기 2〉의 ⓐ~ⓓ에서 바르게 연결한 것은?

〈보기 1〉

약물중독문제를 가지고 있는 실업자인 한부모 A는 딸 B를 주간보호센터에 맡기고, 본인은 약물재활치료를 받은 후 나머지 시간에 자활 근로훈련을 받는다. 만약 주간보호센터와 재활클리닉, 훈련프로그램이 각각 다른 장소와 일정으로 운영되어 중복의 문제가 발생한다면 이는 (㉠)문제이다. A의 거주지가 약물재활치료센터 및 지역자활센터와 거리가 멀어서 재활치료나 근로훈련을 받을 수 없다면 이는 (㉡)의 문제이다. 클라이언트가 이러한 상황에 대한 불만을 토로할 수단이 없다면 이는 (㉢)문제이다.

〈보기 2〉

ⓐ 단편성(fragmentation)　　　　　ⓑ 비연속성(discontinuity)
ⓒ 무책임성(unaccountability)　　　ⓓ 비접근성(inaccessibility)

	㉠	㉡	㉢
①	ⓐ	ⓑ	ⓓ
②	ⓐ	ⓓ	ⓒ
③	ⓒ	ⓓ	ⓑ
④	ⓓ	ⓒ	ⓑ

☞ 정답 및 해설 P.19

1 품목예산(line-item budgeting)의 특징으로 옳은 것을 〈보기〉에서 모두 고른 것은?

〈보기〉
㉠ 통제보다는 기획에 초점을 둔다.
㉡ 서비스 효율성에 대한 정보를 알기 어렵다.
㉢ 전년도 예산을 기준으로 증감방식을 활용한다.
㉣ 구체적인 품목은 프로그램의 목적에 의해 구분된다.

① ㉠, ㉡ ② ㉠, ㉣
③ ㉡, ㉢ ④ ㉢, ㉣

2 〈보기〉가 정의하는 「사회보장기본법」상의 개념은?

〈보기〉
"생애주기에 걸쳐 보편적으로 충족되어야 하는 기본욕구와 특정한 사회위험에 의하여 발생하는 특수욕구를 동시에 고려하여 소득 및 서비스를 보장하는 맞춤형 사회보장제도를 말한다."

① 사회보험 및 사회서비스
② 국민기초생활보장제도
③ 평생사회안전망
④ 사회보장

3 현행 법령상 노인장기요양보험에 대한 설명으로 가장 옳은 것은?

① 장기요양1등급은 장기요양점수가 최소 65점 이상이다.

② 장기요양보험료는 국민연금과 통합하여 징수한다.

③ 경증의 치매환자에게도 장기요양급여를 제공할 수 있도록 장기요양5등급이 신설되었다.

④ 국가는 당해 연도 장기요양보험료 예상수입액의 100분의 50에 상당하는 금액을 지원한다.

4 국민기초생활보장제도에 대한 설명으로 가장 옳지 않은 것은?

① 조세를 재원으로 한다.

② 급여수준은 소득인정액과 상관없다.

③ 자산을 조사하여 수급여부를 결정하고 제공한다.

④ 부양의무자의 존재여부와 부양의무자의 부양능력이 수급 여부에 영향을 미친다.

5 사회보장에 관한 현행 법령의 내용으로 옳은 것을 〈보기〉에서 모두 고른 것은?

〈보기〉
㉠ 모든 인간은 인간다운 생활을 할 권리를 가진다.
㉡ 사용자는 사회보장의 증진에 노력할 의무를 진다.
㉢ 질병, 노령 등으로 생활능력이 없는 국민은 법률이 정한 바에 따라 국가의 보호를 받는다.
㉣ 「사회보장기본법」상 사회보장은 사회보험, 공공부조, 사회서비스로 이루어진다.

① ㉡, ㉢   ② ㉠, ㉡

③ ㉠, ㉢, ㉣   ④ ㉠, ㉡, ㉢, ㉣

6 로웬버그(F. Loewenberg)와 돌고프(R. Dolgoff)의 윤리원칙심사(EPS) 기준이 아닌 것은?

① 자율과 자유의 원칙   ② 생명보호의 원칙

③ 자기결정의 원칙   ④ 성실의 원칙

7 슈퍼비전(supervision)에 대한 설명으로 가장 옳지 않은 것은?

① 사회복지사의 지식과 기술을 향상시키는 교육적 기능을 한다.

② 사회복지사의 위상을 확립하고 권익을 실현하는 기능을 한다.

③ 업무의 장애요소를 제거해 주고 사회복지사가 일을 잘 감당할 수 있도록 지지적 기능을 한다.

④ 사회복지사가 기관의 규정과 절차에 맞게 서비스를 제공하도록 관리하는 행정적 기능을 한다.

8 〈보기〉가 설명하는 사회복지조사방법으로 가장 옳은 것은?

〈보기〉
- 대상자의 행동을 현장에서 직접 포착할 수 있다.
- 대상자가 면접을 거부하거나 비협조적인 경우에 가능하다.
- 대상자에게 질문을 통해 자료를 얻을 수 없을 때 가능하다.

① 질문지 조사법   ② 관찰 조사법
③ 면접 조사법   ④ 전자 조사법

9 우리나라 사회복지 전달체계로 2010년 구축된 '사회복지통합관리망(행복e음)'에 대한 설명으로 가장 옳지 않은 것은?

① 국민이 필요할 때 언제든지 도움을 요청할 수 있는 체계구성을 위해 만들어졌으며, 보건복지 관련 상담 및 안내서비스를 원스톱으로 제공하기 위하여 희망의 전화가 개통되었다.

② 신속하고 정확한 소득 및 재산 조사와 업무처리 간소화를 통해 행정효율화를 도모하였다.

③ 급여의 부정 및 중복수급 차단으로 복지재정의 효율화를 도모하였다.

④ 복지서비스의 통합신청과 찾아가는 복지서비스 확대에 기여하였다.

10 사회복지의 제도적 개념에 대한 내용으로 가장 옳지 않은 것은?

① 낙인이나 응급처치적 요소와는 거리가 멀다.

② 빈곤으로부터의 자유, 우애를 기본적인 가치로 한다.

③ 절대적 빈곤의 개념에 따라 빈곤수준을 낮게 책정한다.

④ 보편주의를 선호하며, 국가 책임을 점차적으로 확대한다.

11 1834년 개정 구빈법에서 명문화된 열등처우의 원칙에 대한 설명으로 가장 옳은 것은?

① 국가로부터 부조를 받는 자의 처우는 최하층 노동자의 생활조건보다 낮아야 한다.

② 근로능력이 있는 빈민을 국가가 고용하여 작업하도록 한다.

③ 빈민구제에 대한 가족의 1차적 책임을 강조하는 것이다.

④ 빈곤 근로자들에게 임금을 보조해주어야 한다.

12 공공부조를 시행할 때 무엇보다 먼저 수급자가 갖고 있는 능력을 활용하고, 그 후에도 수급자가 최저생활을 유지할 수 없을 경우에 비로소 국가가 그 부족한 부분을 보충해 주는 것을 원칙으로 삼는 원리는?

① 최저생활보장의 원리   ② 생존권 보장의 원리

③ 국가책임의 원리   ④ 보충성의 원리

13 「사회보장기본법」에 명시되어 있는 사회적 위험에 해당되는 것을 〈보기〉에서 모두 고른 것은?

〈보기〉
㉠ 출산   ㉡ 양육
㉢ 주거   ㉣ 빈곤
㉤ 산재

① ㉠, ㉡, ㉢, ㉣, ㉤   ② ㉠, ㉢, ㉣, ㉤

③ ㉠, ㉢, ㉤   ④ ㉠, ㉡, ㉣

14 조사 설계에 대한 설명으로 옳은 것을 〈보기〉에서 모두 고른 것은?

〈보기〉

㉠ 실험설계는 외적타당도가 높다.
㉡ 유사실험설계에는 무작위할당이 시행된다.
㉢ 사전검사는 내적타당도를 위협하는 요인이면서 외적타당도를 위협하기도 한다.
㉣ 사전조사에서 매우 높은 값이나 낮은 값을 응답한 경우 사후조사에서 통계적 회귀가 일어나 내적타
  당도에 위협이 나타난다.

① ㉠, ㉣   ② ㉢, ㉣
③ ㉡, ㉣   ④ ㉠, ㉡

15 〈보기〉와 같은 상황에서 요구되는 사회복지서비스 전달체계 구축의 가장 바람직한 원칙은?

〈보기〉

K복지관을 찾은 갑(甲)은 결혼이주민으로, 현재 이혼 상태이며 한부모 가정의 여성 가장이다. 갑(甲)은
초등학교 1학년 된 딸과 함께 빌라 지하 월세방에서 생활하고 있다. 안정적인 직업을 갖지 못하고 낮에
는 건물 청소일을 하며 저녁에는 같은 나라 출신의 친구가 운영하는 가게에서 주방일을 하고 있다. 갑
(甲)은 하루하루 돈벌이에 바빠 딸의 교육에는 전혀 신경을 쓰지 못하고 있다. 갑(甲)은 신장기능이 저
하되어 건강이 좋지 못하다.

① 자활 및 재활의 원칙   ② 적정성의 원칙
③ 평등성의 원칙   ④ 포괄성의 원칙

16 사회복지 기관 및 시설의 예로 가장 옳지 않은 것은?

① 1차 기관 – 사회복지관   ② 2차 기관 – 노인복지관
③ 이용시설 – 지역아동센터   ④ 생활시설 – 장애인거주시설

17 사회복지실천의 개입 유형 중 직접적 개입에 해당하지 않는 것은?

① 정서, 인지에 개입하는 기술

② 사회적 지지체계 개발

③ 문제해결 향상 기술

④ 행동 변화 기술

18 사회복지실천과정을 순서대로 나열한 것으로 가장 옳은 것은?

① 계획 → 개입 → 사정 → 평가 → 종결

② 계획 → 사정 → 개입 → 종결 → 평가

③ 사정 → 개입 → 계획 → 평가 → 종결

④ 사정 → 계획 → 개입 → 평가 → 종결

19 〈보기〉가 설명하는 피아제(J. Piaget)의 인지발달 개념으로 가장 옳은 것은?

〈보기〉

인간이 주변세계를 이해하고 그것에 대해 생각하는 이해의 틀이다. 또한 연령이 증가함에 따라 많은 경험을 통해 인지구조가 발달하면서 질적인 변화를 하게 된다.

① 도식(scheme)

② 적응(adaptation)

③ 평형(equilibrium)

④ 조직화(organization)

20 귤릭(L. Gulick)과 어위크(L. Urwick)가 구분한 사회복지행정 과정인 POSDCoRB 중 '작업의 할당이 규정되고 조정되는 공식적인 구조의 설정'과 관련된 것은?

① 기획(planning)

② 조직(organizing)

③ 지휘감독(directing)

④ 통합조정(coordinating)

☞ 정답 및 해설 P.22

1 길버트(Gilbert)와 스펙트(Specht)가 제시한 모든 사회가 공통적으로 수행해야 하는 다섯 가지 주요 기능에 대한 설명으로 가장 옳지 않은 것은?

① 사회구성원들이 일상생활을 영위하는 데 필요로 하는 재화와 서비스를 생산, 분배, 소비하는 과정과 관련된 기능은 주로 경제제도에 의해 수행된다.

② 사회가 향유하고 있는 지식, 사회적 가치 그리고 행동양태를 사회구성원에게 전달하는 사회화의 기능은 가장 일차적으로 가족제도에 의해 수행된다.

③ 공공부조를 시행하면서 자활사업의 참여를 강제하는 조건부 수급은 사회구성원들이 사회의 규범을 순응하게 만드는 사회통합의 기능을 수행한다.

④ 현대 산업사회에서 주요 사회제도에 의해 자신들의 욕구를 충족할 수 없는 경우 필요한 상부상조의 기능은 정부, 민간사회복지단체, 종교단체, 경제단체, 자조집단 등에 의해 수행된다.

2 사회복지실천의 가치에 대한 설명으로 가장 옳지 않은 것은?

① 사회복지사는 클라이언트가 사회적으로 용납할 수 없는 특별한 행동을 하거나 신념을 지녔더라도 인간으로서의 존엄성을 인정해야 한다.

② 사회복지사는 고정관념이나 편견에서 벗어나기 위해서 클라이언트 개인의 독특성(uniqueness)을 존중해야 한다.

③ 클라이언트의 자기결정권은 다른 사람들의 권리를 침해하거나 법률을 위반할 위험이 있는 경우 제한된다.

④ 원조를 목적으로 하는 모든 경우에 클라이언트에 대한 정보는 전문가들 사이에서 공유될 수 있다.

3 사회복지행정 모델에 대한 설명으로 가장 옳지 않은 것은?

① 과학적 관리모형은 조직의 생산성을 높이기 위해서는 분업화, 개개인의 기본동작과 형태와 소요시간의 표준화, 수행과정과 보상의 연결 등을 통한 관리를 요구한다.

② 인간관계모형은 물리적 환경보다 노동자의 사회, 심리적 요소가 조직의 개별 생산성에 더 많은 영향을 미친다고 가정한다.

③ 관료제모형은 조직 내부의 개별 구성원의 행동과 조직 외부의 환경에 대한 이해가 중요하다고 가정한다.

④ 정치경제이론은 조직의 생존과 서비스의 생산에 필요한 정치적 자원과 경제적 자원을 확보하는 것이 중요하다고 강조한다.

4 신자유주의에 기반한 복지국가의 변화 경향에 대한 설명으로 가장 옳지 않은 것은?

① 복지비용을 삭감하고 지출구조를 변화시킨다.

② 공공부문의 민영화, 기업규제를 통해 정부의 역할을 축소하였다.

③ 빈곤층에 대한 복지제공의 조건으로 근로를 요구하는 근로연계복지를 강화하였다.

④ 만성적 불안정 고용층, 저숙련 노동자 등에 대한 복지제도의 축소는 사회적 양극화 문제를 초래하였다.

5 사회복지실천과정에서 수행되는 사회복지사의 역할에 대한 설명을 옳게 짝지은 것은?

① 옹호자(advocate) – 클라이언트의 정당한 권리를 대변하고 정책적 변화를 추구하는 활동을 한다.

② 교사(teacher) – 클라이언트에게 적합한 서비스를 연결하고 그러한 서비스를 활용하도록 조정한다.

③ 중개자(broker) – 클라이언트에게 부정적 영향을 주는 프로그램이나 정책을 변화시키기 위한 운동을 지지한다.

④ 계획가(planner) – 전문적 사회복지실천 이론의 발전과 프로그램의 향상을 꾀한다.

6 고용보험에 대한 설명으로 옳은 것은?

① 근로자를 사용하지 않거나 50명 미만의 근로자를 사용하는 사업주도 고용보험의 의무가입대상이다.

② 근로자와 사업주는 실업급여사업과 고용안정사업 및 직업능력개발사업의 보험료를 절반씩 부담한다.

③ 고용보험료 고지, 수납 및 체납관리는 국민건강보험공단에서 한다.

④ 구직급여는 연령과 상관없이 가입기간에 따라 90일~240일 동안 받을 수 있다.

7 최근 노동중심적 복지국가의 한계가 부각되면서, 실현 가능한 대안 중 하나로 논의되고 있는 '기본소득(Basic Income)'의 개념적 특성이 아닌 것은?

① 보편성(universality)

② 재정적 지속가능성(financial sustainability)

③ 무조건성(unconditionality)

④ 개별성(individual base)

8 마셜(Marshall)의 「시민권론」에 대한 비판의 내용에 해당하지 않는 것은?

① 남성 백인에게만 유효한 권리 범주에 불과하며, 여성과 흑인 등 다른 집단의 권리는 보장하지 못했다.

② 영국의 사례에 국한된 측면이 있다.

③ 시민권의 발전을 자연적인 진화의 과정으로 간주하여, 투쟁을 통해 실질적으로 획득될 수 있다는 것을 간과하고 있다.

④ 관찰 시점에 따라 상이한 유형으로 구분될 수 있으며, 명확한 구분이 어려운 애매한 사례도 존재한다.

9 롤스(Rawls)의 「정의론」에서 제시하는 정의의 원칙으로 옳지 않은 것은?

① 평등한 기본적 자유의 원칙

② 차등의 원칙

③ 공정한 기회균등의 원칙

④ 부정의의 시정 원칙

10 「사회복지사업법」상 용어에 대한 설명으로 옳지 않은 것은?

① 사회복지사업이란 도움을 필요로 하는 모든 국민에게 사회복지사업을 통한 서비스를 제공하여 삶의 질이 향상되도록 제도적으로 지원하는 것을 말한다.

② 지역사회복지란 주민의 복지증진과 삶의 질 향상을 위하여 지역사회 차원에서 전개하는 사회복지를 말한다.

③ 사회복지시설이란 사회복지사업을 할 목적으로 설치된 시설을 말한다.

④ 보건의료서비스란 국민의 건강을 보호·증진하기 위하여 보건의료인이 하는 모든 활동을 말한다.

11 한국 사회복지행정의 대표적인 변화 가운데 시기적으로 가장 빠른 것은?

① 사회복지통합관리망 행복e음 구축

② 노인장기요양보험제도 실시

③ 지역복지계획수립 의무화

④ 사회복지시설 및 기관평가제도 도입

12 사회복지기관에서 사용하는 예산양식 중 품목예산(Line-Item Budget)에 대한 설명으로 가장 옳지 않은 것은?

① 전체 예상 지출항목을 열거하고 지출비용을 계산하는 방식으로 이루어진다.

② 상대적으로 단순하고 사용하기에 간편하다.

③ 기관의 투입(input)요소에 주의를 집중하는 예산양식이다.

④ 기관이 성취하고자 하는 성과나 목표를 제시한다.

13 「사회복지사 윤리강령」상 사회복지사의 윤리기준으로 가장 옳지 않은 것은?

① 적법하고도 적절한 논의 없이 동료 혹은 다른 기관의 클라이언트와 전문적 관계를 맺어도 된다.

② 클라이언트의 지불능력에 상관없이 서비스를 제공해야 한다.

③ 전문가단체 활동에 적극 참여하여 사회복지사의 권익 옹호를 위해 노력하여야 한다.

④ 기관의 부당한 정책이나 요구에 대해 즉시 사회복지윤리위원회에 보고해야 한다.

14 「사회보장기본법」에서 사회보장수급권에 대해 금지하고 있는 행위로 가장 옳지 않은 것은?

① 사회보장수급권은 타인에게 양도할 수 없다.

② 사회보장수급권은 포기할 수 없다.

③ 사회보장수급권은 담보로 제공할 수 없다.

④ 사회보장수급권은 압류할 수 없다.

15 사례관리(case management)의 과정을 순서대로 바르게 나열한 것은?

① 기획 → 사정 → 개입 → 점검 → 평가

② 사정 → 기획 → 점검 → 개입 → 평가

③ 사정 → 기획 → 개입 → 점검 → 평가

④ 기획 → 사정 → 점검 → 개입 → 평가

16 〈보기〉에서 설명한 오류는?

〈보기〉

자료분석은 자료가 수집된 이후에 수집된 자료를 분석하고 해석하는 일인데, 이는 이론 또는 실제적 목적과 관련해서 수집된 자료를 일반적으로 통계적 방법을 사용하여 분석하고 분석결과의 의미를 해석하는 과정이다. 이때, 분석단위의 적용상 오류가 발생할 수 있다. 집단 또는 집합체에서 발견된 내용을 개인에게 적용할 때, 즉 특정지역의 노령화비율이 높고 그 지역에 특정 정당 지지율도 높다고 해서 해당 지역의 노인이 그 정당을 더 지지한다고 잘못된 결론을 내리는 것을 말한다.

① 퇴행적 오류   ② 인과관계적 오류

③ 생태학적 오류   ④ 환원주의적 오류

17 엘리자베스 구빈법(The Elizabeth Poor Law, 1601)에 대한 설명으로 가장 옳은 것은?

① 근로능력이 있는 건강한 빈민(The able-bodied poor)이 교정원 또는 열악한 수준의 작업장에서 강제노역을 하도록 하였다.

② 공동작업장을 설치하여 임금지불과 직업보도 등을 처음 시작하게 되었다.

③ 빈민의 도시 유입을 막기 위해 농촌 노동력의 이동을 통제하는 제도이다.

④ 저임금 노동자의 생활비를 위해서 임금을 보충해 주는 빈민의 처우 개선 제도이다.

18 「사회복지사업법 시행규칙」상 사회복지관의 사업 중 지역조직화 기능으로 옳지 않은 것은?

① 서비스연계사업　　　　　　　② 주민조직화사업

③ 자원개발 및 관리사업　　　　　④ 복지네트워크 구축사업

19 길버트(Gilbert)와 테렐(Terrell)이 제시한 사회복지정책 분석틀의 네 가지 구성요소로 옳지 않은 것은?

① 할당(allocation)의 기반　　　　② 사회적 위험(social risks)의 포괄 범주

③ 전달체계(delivery)의 전략　　　④ 급여(social provision)의 형태

20 〈보기〉와 같은 실천 개입기술에 해당하는 것은?

> 〈보기〉
> ㉠ 클라이언트의 말, 행동, 생각 간에 모순을 지적하는 것
> ㉡ 클라이언트가 특정 행동이나 경험 혹은 생각에서 벗어나도록 하거나 그런 쪽으로 행동을 취할 수 있도록 도움을 제공하는 것

	㉠	㉡
①	재보증(reassurance)	재명명(reframing)
②	직면(confrontation)	격려(encouragement)
③	중재(mediation)	격려(encouragement)
④	조언	정보제공

1 사회복지 분야 자원봉사활동의 위험관리 대책에 대한 설명으로 옳지 않은 것은?

① 위험관리 대상은 자원봉사자와 직원에 한정한다.

② 아동·청소년은 부모의 동의서를 받는다.

③ 자원봉사자들을 자원봉사 상해보험에 가입시킨다.

④ 위험관리 담당자를 지정하고 위험관리위원회를 구성하는 등 위험관리시스템을 구축한다.

2 사회복지 실천과정을 순서대로 바르게 나열한 것은?

① 접수→자료수집 및 사정→개입→목표설정 및 계약→평가 및 종결

② 접수→목표설정 및 계약→개입→자료수집 및 사정→평가 및 종결

③ 접수→목표설정 및 계약→자료수집 및 사정→개입→평가 및 종결

④ 접수→자료수집 및 사정→목표설정 및 계약→개입→평가 및 종결

3 「정신건강증진 및 정신질환자 복지서비스 지원에 관한 법률」상 정신건강전문요원에 해당하지 않는 것은?

① 정신건강의학과 전문의

② 정신건강임상심리사

③ 정신건강간호사

④ 정신건강사회복지사

4 사회복지적 관점에서 볼 때 일반적으로 시장에서 재화들이 효율적으로 배분되기 위한 조건이 아닌 것은?

① 재화의 거래에서 외부효과가 발생하지 말아야 한다.

② 위험의 발생이 상호 의존적이어야 한다.

③ 역의 선택 현상이 나타나지 말아야 한다.

④ 재화에 대해 수요자와 공급자가 충분한 정보가 있어야 한다.

5 다음 괄호 안에 들어갈 사회복지프로그램 평가유형을 순서대로 바르게 나열한 것은?

> (㉠): 프로그램 진행 중에 원활하고 성공적으로 프로그램이 수행되도록 문제점을 찾아내고 수정 보완
> 할 목적으로 실시된다.
> (㉡): 프로그램 종결 후 연역적 객관적 방법으로 프로그램이 달성하고자 했던 목표를 얼마나 잘 성취
> 했는가의 여부를 평가한다.
> (㉢): 프로그램 평가를 차후에 종합적으로 검토해 보는 평가를 말하며, 평가에 대한 평가로 표현되기
> 도 한다.

	㉠	㉡	㉢
①	형성평가	메타평가	총괄평가
②	메타평가	형성평가	총괄평가
③	총괄평가	메타평가	형성평가
④	형성평가	총괄평가	메타평가

6 에스핑-안데르센(Esping-Andersen)의 복지국가 유형에 대한 설명으로 옳지 않은 것은?

① 사회민주석(social democratic) 복지국가 유형에서는 보편수의 원직과 사회권을 통한 탈상품화 효과
가 가장 크다.

② 자유주의적(liberal) 복지국가 유형에서는 복지와 재분배적 기능을 강조하며 시장의 영향력을 최소화
하려 노력한다.

③ 조합(보수)주의적(conservative corporatist) 복지국가 유형에서는 사회적 지위의 차이 유지를 목표
로 한다.

④ 복지국가 유형은 탈상품화 정도와 사회계층화, 그리고 국가-시장-가족의 역할분담의 차이로 분류
된다.

7 점심시간 때 학교 운동장에서 선후배 간 폭력이 발생하여 사상자가 발생하였다. 이에 대해 위기개입모델을 적용하고자 할 때, 학교사회복지사의 역할에 대한 설명으로 옳지 않은 것은?

① 피해학생을 위험으로부터 안전하게 보호하며 심리적 안정을 취할 수 있는 제반 서비스를 실시한다.

② 피해학생이 위기로 인한 분노, 좌절감, 불안, 두려움 등을 적절한 수준에서 표출, 완화할 수 있도록 돕는다.

③ 폭력사건 위기와 관련된 다양한 대상에 대한 다각적인 사정을 통해 클라이언트의 성격 변화에 초점을 둔다.

④ 위기개입팀의 일원으로 학생들에게 위기사건과 관련된 정확한 사실을 설명하고 긴장을 완화하는 디브리핑(debriefing)을 한다.

8 사회복지서비스 기관들이 관료제 환경에서 나타내기 쉬운 병폐 중 다음에서 설명하는 것은?

> 서비스 기관들이 성과관리 평가제 등의 영향을 과도하게 받게 되면서 나타내기 쉬운 현상들 중 하나이다. 기관들은 서비스 접근성 메커니즘을 조정해서 가급적이면 유순하고 저비용-고성과 클라이언트를 선호하는 반면, 비협조적이고 고비용-저성과 클라이언트들을 배척하려는 경향을 보인다. 문제는 배척하려는 클라이언트들이 보다 절실하게 사회적 도움을 필요로 하는 사람들이기 쉽다는 점이다.

① 크리밍(creaming)

② 아웃리치(outreach)

③ 후광효과(halo effect)

④ 점증주의(incrementalism)

9 「국민기초생활보장법」상 제공하는 급여가 아닌 것은?

① 주거급여

② 해산급여

③ 의료급여

④ 장애급여

10 다음은 고소공포증이 있는 클라이언트에게 적용한 치료기법으로 이에 대한 모델과 기법을 바르게 연결한 것은?

> 맨 아래에 있는 가장 덜 위협적인 장면에서부터 더 큰 불안을 야기하는 장면인 위쪽으로 점차 나아가면서 단계별로 상상하거나 경험하도록 한다.
> - 63빌딩 꼭대기에서 아래를 내려다보기
> - 63빌딩 꼭대기 층에서 걸어보기
> - 12층 건물에서 창문 밖을 내려다보기
> - 4층 건물의 발코니 난간에서 아래를 내려다보기
> - 4층 건물에서 창문 밖을 내려다보기
> - 초고층 빌딩의 건설에 대한 기사 읽기

① 정신역동모델 – 반동형성
② 인지행동모델 – 시연
③ 인지행동모델 – 체계적 둔감화
④ 정신역동모델 – 투사

11 최근 한국 가족 변화의 특징에 대한 설명으로 옳은 것은?

① 부부와 미혼자녀로 구성된 전형적인 핵가족형태의 가구 비율이 꾸준히 증가하고 있다.

② 가족주기의 변화로 자녀출산 완료 이후 자녀의 결혼이 시작되기 전까지의 확대완료기가 길어지고 있다.

③ 초혼 연령과 조혼인율이 지속적으로 내려가 저출산 문제가 심각해지고 있다.

④ 가족가치관의 경우 부부간 의사결정방식에 있어 남편주도형이 주를 이루고 있으며, 부부공동형과 아내주도형은 감소하고 있다.

12 사회복지조사에서 측정의 신뢰도를 높이는 방법으로 옳지 않은 것은?

① 표준화된 측정도구를 사용한다.

② 응답자가 무관심하거나 잘 모르는 내용은 측정하지 않는 것이 좋다.

③ 측정항목(하위변수) 수를 줄이고 항목의 선택범위(값)는 좁히는 것이 좋다.

④ 측정항목의 모호성을 줄이고 되도록 구체화하여 일관된 측정이 가능케 한다.

13 사회복지 재원의 특징에 대한 설명으로 옳지 않은 것은?

① 일반조세를 재원으로 하는 사회복지정책은 안정성과 지속성을 갖는다.

② 모금은 「사회복지공동모금회법」을 근거로 공동모금제도를 실시하고 있다.

③ 사회보험료는 피보험자의 강제가입에 의해 납부되는 것이 원칙이다.

④ 수익자 부담은 저소득층의 자기존중감을 높여 서비스가 남용된다.

14 장애인의 자립생활에 대한 설명으로 옳지 않은 것은?

① 자기결정권은 자립생활운동의 핵심가치이다.

② 자립생활은 미국에서 체계화되고 발달된 개념으로서 장애인의 권리를 인식의 토대로 하고 있다.

③ 자립생활은 장애인이 지역에서 자유롭게 독립적으로 살아가는 것을 말하며, 장애가 중증화되어 가면 지역이 아닌 거주시설에서 안전하게 생활해야 한다고 주장한다.

④ 자립생활은 사회복지서비스를 제공하는 데 장애인의 주도적 참여를 보장해야 한다는 이념이자 실천 전략이다.

15 다음 사례관리 활동에 대한 설명으로 옳은 것만을 모두 고르면?

> ㉠ 사례관리는 복합적이고 장기적인 욕구를 갖고 있는 사람에 대한 지원활동이다.
> ㉡ 사례관리는 지역사회의 다양한 서비스 기관들을 연계하여 종합적인 서비스를 제공하는 활동이다.
> ㉢ 사례관리자는 서비스를 연계하고 점검하는 간접적 실천활동과 함께 교육, 상담 등 직접 실천활동을 수행한다.
> ㉣ 사례관리 과정에 새로운 욕구가 발견되면 재사정을 통해 서비스를 계속적으로 지원한다.

① ㉠, ㉡

② ㉠, ㉢, ㉣

③ ㉡, ㉢, ㉣

④ ㉠, ㉡, ㉢, ㉣

16 안토니 기든스(A. Giddens)가 이론적으로 체계화한 소위 '제3의 길'이 추구하는 전략 개념에 해당하지 않는 것은?

① 직접 급여의 제공보다는 인적자원에 투자

② 복지다원주의의 추구

③ 국가에 대한 경제적 의존을 줄여 위험은 공동 부담하는 의식 전환의 강조

④ 중앙정부의 역할 강화

17 사회적 경제조직에 대한 설명으로 옳지 않은 것은?

① 사회적 경제조직은 사회문제를 해결한다는 사회적 측면과 자생력을 가져야 한다는 경제적 측면이 동시에 고려되어야 한다.
② 사회적 경제조직에는 사회적 기업, 협동조합 등이 있다.
③ 사회적 기업이란 정부, 지방자치단체가 출자한 조직이 사회적 기업 인증을 받아 운영하는 공기업이다.
④ 서구에서는 오래전부터 일을 통한 복지(workfare)라는 차원에서 관심이 증가하고 있다.

18 사회복지실천의 관계형성 기술에 대한 설명으로 옳은 것만을 모두 고르면?

> ㉠ 수용 – 클라이언트를 있는 그대로 받아들여 문제행동도 옳다고 인정하고 받아들이는 것을 의미한다.
> ㉡ 비밀보장 – 원조관계에서 알게 된 클라이언트에 대한 정보는 반드시 비밀을 보호해야 한다.
> ㉢ 통제된 정서적 관여 – 클라이언트에게 민감하게 반응함으로써 정서적으로 관여하되 그 반응은 원조의 목적에 적합하게 통제되어야 한다.
> ㉣ 개별화 – 클라이언트의 개인적 특성을 이해하고 개별 특성에 적합한 원조원칙과 방법을 사용해야 한다.

① ㉠, ㉡
② ㉠, ㉢
③ ㉡, ㉣
④ ㉢, ㉣

19 사회복지서비스 중 보편적 서비스에 해당하는 것은?

① 우울증 청소년에 대한 상담
② 학대 아동에 대한 미술 치료
③ 중학생을 대상으로 한 인터넷·약물중독 예방 교육
④ 시각장애인을 위한 직업재활서비스

20 일상생활을 혼자서 수행하기 어려운 노인과 관련한 사례를 접한 A 사회복지사가 현행 노인장기요양보험제도의 급여와 관련하여 처리해야 할 사안 중 옳지 않은 것은?

① 연령이 65세 이상 또는 65세 미만으로서 치매 등 대통령령으로 정하는 노인성 질병여부를 확인한다.
② 재가노인요양보호가 집에서 24시간 재가급여를 제공하기 때문에 시설급여를 제공하는 장기요양기관보다 주간보호센터 등 재가급여 기관을 우선 조사한다.
③ 도서·벽지 등 장기요양기관이 현저하게 부족한 지역은 보건복지부장관이 정하여 고시하는 경우 특별현금급여가 가능하므로 노인의 거주지를 파악한다.
④ 장기요양보험사업의 보험자는 국민건강보험공단이므로 관련 문의사항은 국민건강보험공단에 확인한다.

1 사회복지급여 제공에서 국가 개입이 필요한 이유가 아닌 것은?

① 사회복지급여의 외부효과

② 사회복지재화의 사유재적 성격

③ 대상자의 역의 선택

④ 대상자의 도덕적 해이

2 국민기초생활보장제도에 대한 설명으로 옳지 않은 것은?

① 수급자 선정 시 기준 중위소득을 활용한다.

② 소득인정액은 개별가구의 소득평가액과 재산의 소득환산액을 합산한 금액을 말한다.

③ 급여의 기준은 급여종류에 관계없이 동일한 선정기준이 적용된다.

④ 생계급여는 수급자가 희망하는 경우에 수급자를 보장시설이나 타인의 가정에 위탁하여 실시할 수 있다.

3 사례관리(Case Management)의 특성으로 옳지 않은 것은?

① 사례관리는 통합적 실천방법이자 체계적인 과정이다.

② 사례관리는 공식적, 비공식적, 개인적, 지역사회적 자원을 조정하는 것에 초점을 둔다.

③ 서비스의 직접적 제공, 연계, 의뢰, 구매 등 다양한 서비스 개입을 활용한다.

④ 시설보호를 통한 집중적인 관리를 강조한다.

4 사회복지 주요 개념에 대한 설명으로 옳지 않은 것은?

① 보편주의(Universalism)에서 사회복지급여는 모든 국민에게 사회적 권리로 인정된다.

② 적극적 조치(Affirmative Action)는 여성, 장애인, 소수인종집단, 유색인종, 농어촌지역주민 등 사회적으로 불리한 조건에 처한 집단에 대한 입학, 고용, 승진 등에서의 평등을 실현하고자 하는 정책을 말한다.

③ 노동의 탈상품화(Decommodification of Labor)는 자본주의 이전의 사회에서 사람들이 생존을 위해 임금형태의 소득에 전적으로 의존하지 않던 상태를 말한다.

④ 임파워먼트(Empowerment)는 치료를 통해서가 아니라 클라이언트의 강점을 강조함으로써 클라이언트가 처해 있는 어려움을 해결할 수 있도록 하는 사회복지실천기술이다.

5 사회복지서비스 전달체계에 대한 설명으로 옳은 것만을 모두 고르면?

> ㉠ 민간 전달체계는 이용자에게 폭넓은 서비스 선택권을 제공한다는 장점이 있다.
> ㉡ 사회복지법인은 비영리공익법인으로서 민법상 재단법인이나 사단법인에 비해 공공성이 강조되는 사회복지서비스 전달기관이다.
> ㉢ 중앙정부가 전달주체가 되면, 서비스의 접근성과 융통성이 커진다.
> ㉣ 공공기관이 제공하던 서비스를 민간기관에 이양 또는 위탁하는 민영화 추세가 강화되고 있다.

① ㉠, ㉡　　　　　　　　　　　　　② ㉠, ㉡, ㉣

③ ㉠, ㉢, ㉣　　　　　　　　　　　④ ㉡, ㉢, ㉣

6 에스핑 앤더슨(Gøsta Esping-Andersen)의 복지국가 유형에 따른 특징을 옳게 짝 지은 것은?

	자유주의적 복지국가	조합주의적 복지국가	사회민주주의적 복지국가
① 탈상품화 정도 :	매우 높음	높음	매우 낮음
② 계층화 정도 :	계층 간 통합 강화	계층 간 차이 유지	계층 간 대립 심화
③ 국가의 역할 :	중심적	보조적	주변적
④ 전형적 국가 :	미국	프랑스	스웨덴

7 「긴급복지지원법」상 긴급지원제도에 대한 설명으로 옳은 것만을 모두 고르면?

> ㉠ 긴급지원 요청이 들어오면 소득이나 재산을 조사한 후 최대한 신속하게 지원한다.
> ㉡ 시장·군수·구청장은 긴급지원에도 불구하고 위기상황이 계속되는 경우 긴급지원심의위원회의 심의를 거쳐 지원을 연장할 수 있다.
> ㉢ 다른 법률에 따라 긴급지원의 내용과 동일한 내용의 구호·보호 또는 지원을 받고 있는 경우에는 긴급지원을 하지 않는다.
> ㉣ 긴급지원대상자와 친족, 그 밖의 관계인은 구술 또는 서면으로 관할 시장·군수·구청장에게 긴급지원을 요청할 수 있다.

① ㉠, ㉢
② ㉡, ㉣
③ ㉠, ㉡, ㉢
④ ㉡, ㉢, ㉣

8 에릭 에릭슨(Erik H. Erikson)의 심리사회적 자아발달의 8단계 과업에 해당하지 않는 것은?

① 희망 대 절망
② 자율성 대 수치심
③ 신뢰감 대 불신감
④ 근면성 대 열등감

9 사회복지 이론 및 사상에 대한 설명으로 옳은 것은?

① 로버트 노직(Robert Nozick)은 국가가 적극적으로 나서서 국민의 생활과 자유를 보장해야 한다고 주장했다.
② 사회민주주의자들은 개인이 국가의 규제로부터 벗어나 자유를 누리는 것이 정의로운 사회라고 주장했다.
③ 존 롤즈(John Rawls)는 정의론에서 모든 사람은 다른 사람의 유사한 자유와 상충되지 않는 한 기본적 자유에 대해 동등한 권리를 갖는다는 평등한 자유의 원칙(Principle of Equal Liberty)을 제시했다.
④ 마르크스주의는 사회민주주의를 노동계급을 착취하고 소외시키는 비인간적인 체제로 보았다.

10 「사회보장기본법」에 따른 사회보장급여의 수준에 대한 설명으로 ㉠, ㉡에 들어갈 용어를 바르게 연결한 것은?

> 국가와 지방자치단체는 모든 국민이 건강하고 문화적인 생활을 유지할 수 있도록 사회보장급여의 수준 향상을 위하여 노력하여야 한다. 이를 위해 국가는 관계 법령이 정하는 바에 따라 (㉠)와(과) (㉡)을 (를) 매년 공표하여야 하고, 국가와 지방자치단체는 (㉠)와(과) (㉡) 등을 고려하여 사회보장급여의 수준을 결정하여야 한다.

	㉠	㉡
①	최저생계비	최저임금
②	최저보장수준	최저임금
③	기준 중위소득	최저생계비
④	기준 중위소득	최저보장수준

11 다음 사례의 사례관리자의 활동에 대한 설명으로 옳지 않은 것은?

> A군의 집은 누전 위험, 곰팡이 발생 등으로 주거환경이 좋지 않았지만, 장시간 일하는 A군의 어머니는 청소를 할 시간적 여유가 없었다. 사례관리자는 관내 자원봉사센터의 자원봉사자들을 연결하여 집안 대청소를 실시해 A군의 가족이 위생적이고 안전하게 생활할 수 있는 주거환경을 만들었다. 또한 사례관리자는 A군의 ADHD 치료를 위해 관내 보건소와 정신건강증진센터를 연계하여 도움을 받을 수 있도록 했다.

① 사례관리자는 지역사회 내 다양한 관계망을 활용했다.

② 인적 자원 동원을 통하여 지역사회가 협력하는 기회를 가질 수 있었다.

③ 사례관리자는 자원연계자 역할을 수행했다.

④ 사례관리자는 클라이언트의 역량강화를 위해 노력했다.

12 다음 중 비율측정에 해당하는 것만을 모두 고르면?

> ㉠ 명목, 서열, 등간측정의 특성을 모두 가진다.
> ㉡ 절대영점을 가지고 있다.
> ㉢ 사칙연산(+, −, ×, ÷)이 불가능하다.
> ㉣ 온도, 지능지수(IQ)가 해당한다.

① ㉠, ㉡

② ㉠, ㉢

③ ㉡, ㉣

④ ㉢, ㉣

13 희망복지지원단에 대한 설명으로 옳지 않은 것은?

① 지방자치단체의 읍·면·동 행정복지센터에 설치되어 있다.

② 복합적 욕구를 가진 대상자에게 통합사례관리를 제공한다.

③ 자원의 총괄 관리 업무를 수행한다.

④ 지역사회보장협의체 및 지역 내 관련 기관과의 연계와 협력을 추진한다.

14 노인장기요양보험법령상 노인성 질병에 해당하는 것만을 모두 고르면?

> ㉠ 파킨슨병   ㉡ 당뇨병
> ㉢ 뇌경색증   ㉣ 고혈압
> ㉤ 뇌내출혈   ㉥ 류마티스 관절염

① ㉠, ㉡, ㉢

② ㉠, ㉢, ㉤

③ ㉡, ㉣, ㉥

④ ㉣, ㉤, ㉥

15 사회복지 역사에 대한 설명으로 옳은 것만을 모두 고르면?

> ㉠ 복지국가의 이념적 기반이 되었던 케인즈주의가 쇠퇴한 직후 미국에서는 신자유주의 이념이 영향력을 발휘한 반면, 영국에서는 신자유주의보다는 제3의 길 노선이 강화되었다.
> ㉡ 영국 개정구빈법의 원칙 중 하나인 열등처우의 원칙은 구제를 받는 빈민의 처우가 최하층 독립 근로자의 수준보다 높아서는 안 된다는 원칙이다.
> ㉢ 인도주의적 구빈제도로 평가받는 스핀햄랜드법은 현대의 최저생활보장의 기반이 되었다.
> ㉣ 자선조직협회는 빈곤의 원인을 개인의 성격적 결함으로 인식했으며, 중복 구빈을 없애고 빈민에 대한 적절한 조사를 통해 알맞은 원조를 제공하는 것을 목적으로 하였다.

① ㉠, ㉣   ② ㉢, ㉣
③ ㉠, ㉡, ㉢   ④ ㉡, ㉢, ㉣

16 「사회복지사업법」상 사회복지법인의 임원에 대한 설명으로 옳지 않은 것은?

① 법인은 대표이사를 제외한 이사 7명 이상과 감사 2명 이상을 두어야 한다.

② 이사의 임기는 3년으로 하고 감사의 임기는 2년으로 하며, 각각 연임할 수 있다.

③ 이사 또는 감사 중에 결원이 생겼을 때에는 2개월 이내에 보충하여야 한다.

④ 외국인인 이사는 이사 현원의 2분의 1 미만이어야 한다.

17 「정신건강증진 및 정신질환자 복지서비스 지원에 관한 법률」(이하 정신건강복지법)에 대한 설명으로 옳지 않은 것은?

① 정신건강복지법은 정신질환의 예방·치료, 정신질환자의 재활·복지·권리보장과 정신건강 친화적인 환경 조성에 필요한 사항을 규정하고 있다.

② 2016년 「정신보건법」이 정신건강복지법으로 전부개정되었다.

③ 정신건강전문요원은 그 전문분야에 따라 정신건강간호사, 정신건강요양보호사 및 정신건강사회복지사로 구분한다.

④ 국가와 지방자치단체는 정신건강복지센터와 정신건강증진시설, 사회복지시설, 학교 및 사업장 등을 연계하는 정신건강서비스 전달체계를 확립하여야 한다.

18 사회보장 권리구제에 대한 심사청구와 재심사청구를 규정하고 있지 않은 법률은?

① 산업재해보상보험법
② 국민건강보험법
③ 고용보험법
④ 국민연금법

19 국민기초생활 보장법령상 자활급여 등에 대한 설명으로 옳지 않은 것은?

① 자활급여는 수급자의 자활을 돕기 위해 자활에 필요한 근로능력의 향상 및 기능습득의 지원, 자활을 위한 근로기회의 제공, 자활에 필요한 자산형성지원 등을 실시하는 것으로 한다.

② 자활급여는 관련 공공기관 · 비영리법인 · 시설 등에 위탁하여 실시할 수 있으며, 이 경우 그에 드는 비용은 보장기관이 부담한다.

③ 자활사업에는 직업훈련, 취업알선 등의 제공, 지역자활센터의 사업 등이 해당되나, 「고용정책기본법」에 근거한 공공근로사업은 제외된다.

④ 시장 · 군수 · 구청장이 자활근로사업을 실시하는 경우에는 생계급여의 조건이 자활근로인 조건부수급자를 우선적으로 선정하여야 한다.

20 청소년지원사업에 대한 설명으로 옳은 것만을 모두 고르면?

> ⊙ 꿈드림은 학교 밖 청소년을 지원하는 청소년 지원센터이다.
> ⓒ 지역사회 청소년통합지원체계(CYS-Net)는 지역사회 자원을 연계하여 위기청소년에 대한 맞춤형 서비스를 제공한다.
> ⓒ 이주배경청소년지원재단 무지개청소년센터는 탈북청소년, 다문화청소년, 중도입국청소년 등을 지원하는 비영리 재단법인이다.
> ⓔ 청소년쉼터는 가출청소년이 가정 · 학교 · 사회로 복귀하여 생활할 수 있도록 가출청소년을 일정 기간 보호하면서 상담 · 주거 · 학업 · 자립 등을 지원한다.

① ⊙, ⓔ

② ⓒ, ⓒ

③ ⊙, ⓒ, ⓔ

④ ⊙, ⓒ, ⓒ, ⓔ

1 퍼니스(Furniss)와 틸톤(Tilton)이 분류한 복지국가 유형 중에서 국민최저수준의 복지를 보장하려는 국가는?

① 적극적 국가(positive state)

② 사회보장국가(social security state)

③ 사회복지국가(social welfare state)

④ 분화복지국가(differentiated state)

2 사회복지의 잔여적 개념에 대한 설명으로 가장 옳은 것은?

① 사회복지는 가족, 시장과 동등한 위상을 갖는다.

② 사회복지 활동이 필요하지 않은 것이 궁극적인 지향이다.

③ 시장의 불완전한 분배는 불가피하므로 사회복지는 사회 유지에 있어서 필수적이다.

④ 사회복지는 포괄적인 사회제도로서의 위치를 확보한다.

3 신뢰도와 타당도에 대한 설명으로 가장 옳은 것은?

① 신뢰도에 대해 질적 연구자와 양적 연구자는 다르게 접근한다.

② 좋은 척도는 100%의 신뢰도를 가질 수 있다.

③ 신뢰도와 타당도는 상관성이 없다.

④ 신뢰도가 높으면 타당도도 항상 높다.

4 〈보기〉에서 사회복지 정책결정의 이론적 모형에 대한 설명으로 옳지 않은 것을 모두 고르면?

〈보기〉
㉠ 기존의 정책과 유사한 정책대안에 대한 검토와 보완을 거치는 모형은 점증모형이다.
㉡ 모든 대안들을 합리적으로 검토하여 최선의 정책 대안을 찾을 수 있다고 가정하는 것은 만족모형이다.
㉢ 합리모형과 점증모형의 절충적 성격을 갖는 모형은 혼합모형이다.
㉣ 제한된 합리성을 바탕으로 접근이 용이한 일부 대안에 대한 만족할 만한 수준을 추구하는 것은 합리모형이다.

① ㉠, ㉡
② ㉡, ㉢
③ ㉡, ㉣
④ ㉢, ㉣

5 쿠블러(Kubler) −로스(Ross)의 죽음에 대한 적응 단계로서 옳은 것은?

① 분노 − 부정 − 수용 − 우울 − 타협
② 부정 − 분노 − 타협 − 수용 − 우울
③ 부정 − 분노 − 타협 − 우울 − 수용
④ 부정 − 우울 − 분노 − 수용 − 타협

6 종단조사에 대한 설명으로 가장 옳은 것은?

① 한 시기에 여러 연령집단을 조사하는 방법은 동류집단(cohort) 조사이다.
② 동일한 대상을 일정 시차를 두고 추적 조사하는 방법은 패널조사이다.
③ 동류집단 조사는 포괄적인 범위에 속한 인구집단의 변화를 측정하기 위한 조사이다.
④ 동류집단 조사와 패널조사는 조사 대상자 측면에서 동일하다.

7 〈보기〉는 사회복지실천의 기원에 해당하는 기관에 대한 설명이다. ㉠, ㉡에 들어갈 기관 명칭으로 옳은 것을 순서대로 바르게 짝지은 것은?

〈보기〉
- (㉠)은(는) 빈곤과 고통의 원인이 주로 환경적 요인에 있다고 보고 주택, 공중보건, 고용 착취 등을 개선하기 위한 활동을 하였다.
- (㉡)은(는) 빈곤과 고통의 원인이 도덕적 실패에 있다고 보고 클라이언트의 상황에 대한 철저한 조사와 평가를 기초로 원조를 제공하고자 하였다.

㉠	㉡
① 사회사업협회	인보관
② 자선조직협회	인보관
③ 사회사업협회	자선조직협회
④ 인보관	자선조직협회

8 복지국가의 발달을 설명하는 이론 중 〈보기〉의 주장과 가장 밀접한 이론은?

〈보기〉
노동자계급을 대변하는 정치적 집단의 정치적 세력이 커질수록 복지국가가 발전한다.

① 국가중심적 이론
② 이익집단 정치이론
③ 산업화 이론
④ 사회민주주의 이론

9 「국민기초생활 보장법」에 대한 설명으로 가장 옳지 않은 것은?

① 이 법에 따른 급여는 건강하고 문화적인 최저생활을 유지할 수 있는 것이어야 한다.

② 부양의무자란 수급권자를 부양할 책임이 있는 사람으로서 수급권자의 1촌의 직계혈족만을 말한다.

③ 생계급여 최저보장수준은 원칙적으로 생계급여와 소득인정액을 포함하여 생계급여 선정기준 이상이 되도록 하여야 한다.

④ 부양의무자가 「병역법」에 따라 소집된 경우 부양을 받을 수 없는 것으로 본다.

10 지역사회복지 실천모델에 대한 설명으로 가장 옳은 것은?

① 지역사회복지 실천모델은 사회복지사에게 지역사회 개입방법을 안내하는 역할을 할 수 있다.

② 지역사회개발 모델은 전문가가 지역사회복지의 주도자가 된다.

③ 사회계획 모델은 주민들의 자조(self-help)를 강조하는 형태이다.

④ 사회행동 모델은 지역사회 내에서 기득권층의 이익을 대표하는 것이다.

11 사회복지정책 분석틀과 관련된 설명으로 가장 옳은 것은?

① 할당이란 사회복지정책의 대상을 어떤 집단으로 할 것인지를 결정하는 것이다.

② 현물급여는 수급자가 자신이 원하는 재화와 서비스를 선택할 수 있다는 측면에서 수급자의 효용이 극대화된다.

③ 선별주의는 사회급여가 모든 국민에게 하나의 권리로 인정되게 하는 것이다.

④ 바우처는 정부조직을 통한 강제적 징수방법으로 보험의 원리에 의해 보험 가입자가 납부하는 기여 금을 의미한다.

12 〈보기〉가 설명하는 사회복지실천의 접근방법은?

〈보기〉
- 개인의 내적 요소와 사회적 요소를 모두 중시한다.
- 실천의 초점은 개인을 둘러싼 사회환경과 상호작용에 두고 있다.
- 개인이 가진 현재의 기능은 과거의 사건에 영향을 받는다는 입장이다.

① 인지행동적 접근방법
② 클라이언트 중심적 접근방법
③ 심리사회적 접근방법
④ 과제중심적 접근방법

13 〈보기〉의 설명에 해당하는 「사회복지사 윤리강령」 기준은?

〈보기〉
- 사회복지사는 클라이언트의 지불능력에 상관없이 서비스를 제공해야 하며 이를 이유로 차별대우를 해서는 안 된다.
- 사회복지사는 전문가로서의 품위와 자질을 유지하고 자신이 맡고 있는 업무에 대해 책임을 진다.

① 기본적 윤리기준
② 사회에 대한 윤리기준
③ 클라이언트에 대한 윤리기준
④ 기관에 대한 윤리기준

14 〈보기〉의 설명에 해당하는 길버트(Gilbert)와 스펙트(Specht)의 사회복지 급여 유형은?

〈보기〉
- 물품과 자원에 대한 통제력을 재분배하는 것과 연관된다.
- 클라이언트 및 다른 사회적 약자 집단의 대표자들을 사회복지 관련 기관의 이사로 선임하는 정책 등을 통하여 추구된다.

① 기회
② 신용
③ 권력
④ 서비스

15 「고용보험법」에 따른 구직급여 지급일수는 (㉠), (㉡)에 의해서 결정된다. ㉠, ㉡에 들어갈 말을 〈보기〉에서 골라 바르게 짝지은 것은?

〈보기〉
㉠ 재취업을 위한 노력　　　　　　㉡ 이직일 현재 연령
㉢ 피보험기간　　　　　　㉣ 소득 수준

① ㉠, ㉢
② ㉠, ㉣
③ ㉡, ㉢
④ ㉡, ㉣

16 사회보험과 공공부조에 대한 설명으로 가장 옳은 것은?

① 사회보험은 생활유지능력이 없거나 생활이 어려운 국민의 최저생활을 보장하고 자립을 지원하는 제도다.

② 공공부조는 정부가 조세를 통해 마련한 재원으로 급여나 서비스를 제공한다.

③ 공공부조는 보험적 기술을 이용하여 사회적 위험을 방지하기 위하여 조직된 제도다.

④ 사회보험은 개인의 사회적 기능 향상을 위하여 교육, 상담 등 간접적 방법으로 비물질적 서비스를 제공하는 것이다.

17 사회복지행정 조직이론에 대한 설명으로 가장 옳은 것은?

① 과학적 관리론은 계층제적 권한구조, 정책과 행정 결정의 분리 등의 특징을 지닌 대규모 조직을 설명하는 이론이다.

② 인간관계이론은 호손 공장의 실험을 계기로 전개되었다.

③ X-Y이론은 목표에 의한 관리를 강조하는 이론을 의미한다.

④ 목표관리이론은 목표보다는 인간관계를 강조한 이론이다.

18 〈보기〉의 ㉠, ㉡에 들어갈 단어를 순서대로 바르게 짝지은 것은?

> 〈보기〉
>
> 사회복지의 효율성을 논할 때 (㉠) 효율과 (㉡) 효율이 있다. 전자는 더 이상 어떠한 개선이 불가능한 최적의 자원배분 상태를 의미하며, 후자는 특정한 목표를 달성하는 데 가능한 한 적은 자원을 투입하여 최대한의 산출을 얻는 것을 의미한다.

	㉠	㉡
①	자원적	수단적
②	파레토	비용적
③	목표적	자원적
④	파레토	수단적

19 「아동권리에 관한 국제협약」에서 규정한 아동의 기본적인 4대 권리로 가장 적절하지 않은 것은?

① 자유권

② 보호권

③ 발달권

④ 참여권

20 우리나라 「장애인복지법」에 규정된 내용으로 가장 옳지 않은 것은?

① 매년 장애인의 날부터 1주간을 장애인 주간으로 한다.

② 기본이념은 장애인의 완전한 사회 참여와 평등을 통하여 사회통합을 이루는 데에 있다.

③ 장애인 복지정책 수립에 필요한 기초자료로 활용하기 위하여 장애실태조사는 3년마다 실시하여야 한다.

④ 장애인의 권익과 복지증진을 위하여 3년마다 장애인 정책종합계획을 수립·시행하여야 한다.

☞ 정답 및 해설 P.31

1 윌렌스키(Wilensky)와 르보(Lebeaux)의 제도적 개념에 대한 설명으로 옳은 것은?

① 제도적 개념에서는 가족 또는 시장 같은 다른 사회제도의 기능이 원활하게 수행되지 못할 때 사회복지 제도를 활용하는 것으로 본다.

② 제도적 개념에서의 사회복지는 보충적, 일시적, 대체적 성격을 지닌다.

③ 제도적 개념에서는 사회복지가 그 사회의 필수적이고 정상적인 제일선(first line)의 기능을 수행하는 것으로 이해한다.

④ 제도적 개념에서의 사회복지는 대상범위를 기준으로 볼 때 선별적 사회복지와 연결되어있다.

2 우리나라 사회보장제도 가운데 주요 재원조달방식이 다른 것은?

① 국민기초생활보장제도

② 국민연금제도

③ 건강보험제도

④ 고용보험제도

3 사회복지실천 방법 중 직접실천에 해당하는 것은?

① 독거어르신 도시락 배달 연계

② 요보호아동 지원 프로그램 개발

③ 정신장애인 취업적응 훈련 실시

④ 장애인 편의시설 확보를 위한 시민공청회

4 19세기 인보관운동(settlement house movement)에 대한 설명으로 옳은 것만을 모두 고르면?

> ㉠ 문제의 원인을 개인에게서 찾고자 하였다.
> ㉡ 집단사회사업과 지역사회복지 발전의 기초가 되었다.
> ㉢ 문제의 원인을 사회적 환경에서 찾고자 하였다.
> ㉣ 원조의 중복을 막기 위해 빈민의 생활상태를 조사하였다.

① ㉠, ㉢　　　　　　　　　　　② ㉠, ㉣

③ ㉡, ㉢　　　　　　　　　　　④ ㉡, ㉣

5 소득재분배에 대한 설명으로 옳지 않은 것은?

① 수직적 소득재분배는 고소득층에서 저소득층으로 소득이 이전되는 것을 의미한다.

② 수평적 소득재분배는 동일 계층 내에서 소득이 이전되는 것을 의미한다.

③ 세대 간의 소득재분배는 서로 다른 세대 간에 소득이 이전되는 것을 의미한다.

④ 시간적 소득재분배는 자녀세대의 소비를 위해서 자신의 미래 소비를 포기하고 소득을 이전하는 것을 의미한다.

6 「국민기초생활 보장법」상 사회복지시설에 해당하는 것은?

① 사회복지관

② 지역자활센터

③ 노숙인종합지원센터

④ 아동일시보호시설

7 이용권(바우처)의 장점이 아닌 것은?

① 서비스 공급자 간 경쟁을 촉발하여 서비스의 질을 높이는 효과를 거둘 수 있다.

② 현물급여에 비해 서비스 수요자의 '소비자 선택권'을 보장할 수 있다.

③ 사회 내의 불이익집단 또는 특별히 사회에 공헌한 사람들에게 더 많은 기회를 제공할 수 있다.

④ 서비스 사용 용도를 명시하고 있어 현금급여에 비해 정책 목표를 달성하는 데 용이하다.

8 사회복지실천에서 성인지 관점(gender-sensitive perspective)에 대한 설명으로 옳지 않은 것은?

① 가족 내 성역할 분업을 강조하는 관점이다.

② 성차별로 인한 문제를 분석하거나 개입할 때 사용할 수 있는 관점이다.

③ 여성과 남성은 생물학적·사회문화적 경험의 차이로 서로 다른 이해나 요구를 가진다고 보는 관점이다.

④ 정책이나 개입이 여성과 남성에게 미치는 효과를 평가하고 그것을 반영하도록 하는 관점이다.

9 사례관리(case management)에 대한 설명으로 옳지 않은 것은?

① 다양하고 복잡한 욕구를 가진 클라이언트가 주요 대상이다.

② 클라이언트의 욕구충족을 위해 지역사회 자원을 연계시킨다.

③ 사례관리자는 사정자, 조정자, 중개자, 평가자, 옹호자 등 복합적 기능을 수행할 수 있다.

④ 사례개입의 목표달성을 위해서라면 언제든 클라이언트의 자기결정을 제한하는 것이 정당하다.

10 「장애인고용촉진 및 직업재활법」상 사업주의 장애인 고용 의무를 상시 '몇 명' 이상의 근로자를 고용하는 사업주로 규정하고 있는가?

① 10명

② 30명

③ 50명

④ 100명

11 지적장애인에게 일상생활기술훈련을 실시하는 사회복지사의 역할은?

① 교육자(educator)

② 중재자(mediator)

③ 중개자(broker)

④ 옹호자(advocate)

12 지역사회에서 이루어지는 활동과 워렌(Warren)이 제시한 지역사회의 기능을 바르게 연결한 것은?

① 지역주민이 자원봉사 활동을 하는 것 : 사회통제 기능

② 아동을 가정과 학교에서 교육시키는 것 : 사회화 기능

③ 이웃 간의 상호작용이나 유대감으로 자신의 행동을 자제하는 것 : 사회통합 기능

④ 지역주민이 지역에서 상품을 생산·소비하는 것 : 상부상조 기능

13 강점관점(strength perspective)에 대한 설명으로 옳지 않은 것은?

① 개인을 진단에 따른 증상을 가진 자로 규정한다.

② 클라이언트의 문제는 그에게 도전과 기회의 원천이 될 수 있다.

③ 변화를 위한 자원은 클라이언트 체계의 장점, 능력, 적응기술이다.

④ 클라이언트의 잠재역량을 인정하여 자신의 삶을 통제할 수 있도록 힘을 부여하는 것이 중요하다.

14 빈곤과 관련된 개념에 대한 설명으로 옳지 않은 것은?

① 주관적 빈곤선은 적절한 생활수준을 유지하는 데 필요한 소득수준에 대한 개인들의 평가에 근거하여 결정된다.

② 빈곤율(poverty rate)은 빈곤개인이 전체인구에서 차지하는 비율로 정의된다.

③ 빈곤갭(poverty gap)은 모든 빈곤층의 소득을 빈곤선 수준으로 끌어올리는 데 필요한 총소득이다.

④ 상대빈곤은 최저생계비를 기준으로 결정된다.

15 복지국가 발전 이론에 대한 설명으로 옳지 않은 것은?

① 산업화이론 : 산업화과정에서 발생한 새로운 욕구를 산업화를 통해 확보한 자원으로 해결하는 과정에서 복지국가가 생성되었다.

② 독점자본이론 : 거대자본과 국가가 융합하여 자본주의체제의 영속화를 도모하는 과정에서 국가가 임금문제나 실업문제에 개입하면서 복지국가가 등장하게 되었다.

③ 사회민주주의이론 : 사회적 권배를 둘러싼 다양한 이익집단들의 성생에서 정치적 힘이 강해진 집단의 요구를 정치인들이 수용하면서 복지국가가 등장하게 되었다.

④ 국가중심이론 : 중앙집권적이거나 조합주의적인 국가구조의 형태와 정치인의 개혁성 등이 사회복지의 수요를 증대시켜서 복지국가가 발전하게 되었다.

16 국내 노인 대상 복지 서비스 및 제도에 대한 설명으로 옳은 것은?

① 노인돌봄종합서비스와 응급안전서비스는 독거노인만을 대상으로 제공된다.

② 「노인복지법」에 근거하여 매년 10월을 경로의 달로 규정하고 있다.

③ 노인장기요양보험제도는 만 65세 이상 노인에게만 적용된다.

④ 치매국가책임제는 「치매관리법」이 제정되기 이전부터 시행되어 왔다.

17 다음 대화에서 사회복지사가 사용한 상담기술은?

> 클라이언트 : 내가 매일 주민센터 가서 아무리 얘기해도 듣는 건지, 안 듣는 건지…공무원들한테는 얘기
> 해도 소용없어.
> 사회복지사 : 여러 번 주민센터에 가서 얘기하셨는데, 그곳의 공무원들이 잘 들어주지 않는다는 말씀이
> 신가요?

① 직면기술

② 해석기술

③ 재보증기술

④ 명료화기술

18 브래드쇼(Bradshaw)의 욕구개념에 대한 설명으로 옳은 것은?

① 감지적 욕구(felt need) : 실제의 욕구충족을 위한 구체적인 행위 혹은 서비스 수요로 파악되는 욕구
를 의미한다.

② 표현적 욕구(expressed need) : 특정 집단 구성원의 욕구와 유사한 다른 집단 구성원들의 욕구를 비
교할 때 나타나는 욕구를 의미한다.

③ 비교적 욕구(comparative need) : 욕구상태에 있는 당사자의 느낌에 의해 인식되는 욕구를 의미한다.

④ 규범적 욕구(normative need) : 전문가가 규정해 놓은 바람직한 욕구 수준에 미치지 못할 때 그 차
이로 규정되는 욕구를 의미한다.

19 우리나라 사회복지사 윤리강령의 내용으로 옳지 않은 것은?

① 클라이언트를 대상으로 연구하는 사회복지사는 저들의 권리를 보장하기 위해, 자발적이고 고지된 동의를 얻어야 한다.

② 사회복지사는 한국사회복지사협회의 윤리적 권고와 결정을 존중하여야 한다.

③ 사회복지사는 슈퍼바이저의 전문적 지도와 조언을 존중해야 하며, 슈퍼바이저는 사회복지사의 전문적 업무수행을 도와야 한다.

④ 사회복지사는 동료 혹은, 다른 기관의 클라이언트라 하여도 저들의 이익을 위해 최상의 서비스를 제공하여야 한다.

20 다음 설명에 해당하는 제도를 실시한 조선 시대의 구제기관은?

> 풍년이 들어 곡물 가격이 떨어지면 국가는 곡식을 사들여 저장하고, 흉년이 들어 곡물 가격이 오르면 국가는 저장한 곡물을 방출하여 곡물 가격을 떨어뜨렸다. 이 제도는 곡물 가격의 변동에 따라 생활을 위협받는 일반 농민을 보호하고 물가를 안정시키기 위한 정책이었다.

① 사창
② 의창
③ 흑창
④ 상평창

1 사회복지(social welfare)에서 '사회적(social)'이 의미하는 것으로 적절하지 않은 것은?

① 개인, 집단, 사회 전체 간의 사회 내적인 관계를 의미한다.

② 영리적인 요소보다는 비영리적인 속성을 갖는다는 의미이다.

③ 공동체적 삶의 요소를 중시하는 의미이다.

④ 이타적 속성이 제거된 개인적 삶의 요소를 중시함을 의미한다.

2 다음에서 설명하는 사회복지제도는?

> 일정 수준 이하의 소득계층에 대해 신청주의원칙에 입각하여 자산조사를 실시한 후 조세를 재원으로 하여 최저생활 이상의 삶을 보장하는 제도이다.

① 공공부조   ② 공적연금

③ 사회서비스   ④ 사회보험

3 사회보험에 대한 설명으로 옳은 것만을 모두 고르면?

> ㉠ 기여에 근거해 급여가 제공되기 때문에 권리성이 강하다.
> ㉡ 자산조사를 통해 급여를 제공한다.
> ㉢ 미래에 닥칠 위험에 대응하기 위한 예방적 성격을 갖는다.
> ㉣ 누구나 일정한 인구학적 요건만 갖추면 급여를 지급한다.

① ㉠, ㉡   ② ㉠, ㉢
③ ㉡, ㉣   ④ ㉡, ㉢, ㉣

4 1980년대 대처리즘과 레이거노믹스의 복지정책 기조가 아닌 것은?

① 복지비용의 삭감 및 지출 구성의 변화
② 공공서비스를 포함한 공공부문의 국가책임 확대
③ 지방정부의 역할 축소
④ 기업에 대한 규제 완화

5 서구 사회복지의 발달과정에 대한 설명으로 옳지 않은 것은?

① 중세시대 사회복지는 교회나 수도원을 중심으로 한 자선의 형태로 수행되었다.
② 엘리자베스 구빈법은 빈민구제에 대한 국가의 책임을 인정한 법이다.
③ 영국의 자선조직협회는 우애방문원을 통해 가정방문 및 조사, 지원활동을 실시하였다.
④ 국가주도 사회보험제도는 20세기 초 영국에서 최초로 도입되었다.

6 우리나라 「사회복지사 윤리강령」에 대한 설명으로 옳지 않은 것은?

① 윤리강령은 전문과 윤리기준으로 구성되어 있다.

② 윤리기준은 기본적 윤리기준 이외에 클라이언트, 동료, 협회, 국가에 대한 윤리기준을 각각 제시하고 있다.

③ 기본적 윤리기준에는 전문가로서의 자세, 전문성 개발을 위한 노력 등의 내용으로 구성되어 있다.

④ 사회복지윤리위원회의 구성과 운영에 관한 내용도 포함되어 있다.

7 사례와 방어기제의 연결이 옳지 않은 것은?

① 다 엄마 때문에 실패했잖아—투사

② 대소변을 잘 가리던 아이가 동생이 태어나자 어머니의 관심을 끌기 위해 다시 대소변을 가리지 못하게 되었다—퇴행

③ 당신이 잘못해 놓고 더 화를 내면 어떡해?—부정

④ 저 남편은 부인을 때리고 나서는 꼭 퇴근 시간에 꽃을 사오더라—취소

8 사회복지 실천과정에서 사회복지사의 과업에 대한 설명으로 옳은 것은?

① 접수단계—클라이언트와 긍정적 관계조성 및 상호신뢰 확보

② 사정단계—개입을 통해 획득한 효과의 유지와 강화

③ 개입단계—가계도 및 생태도 등을 활용한 클라이언트의 객관적 정보파악

④ 종결단계—클라이언트의 문제해결을 위해 상담, 자원연계, 교육 등 다양한 실천기술 활용

9 사회복지 조사연구의 과정을 순서대로 바르게 나열한 것은?

> ㉠ 조사설계
> ㉡ 문제설정
> ㉢ 자료처리 및 분석
> ㉣ 자료수집
> ㉤ 결과해석 및 보고서 작성

① ㉠→㉡→㉢→㉣→㉤
② ㉠→㉡→㉣→㉢→㉤
③ ㉡→㉠→㉣→㉢→㉤
④ ㉡→㉠→㉢→㉣→㉤

10 노후소득보장제도에 대한 설명으로 옳지 않은 것은?

① 「기초노령연금법」이 폐지되고 「기초연금법」이 시행되고 있다.
② 기초연금 수급권자 선정기준은 65세 이상 전체 노인 중 소득과 재산이 적은 하위 80%이다.
③ 국민연금의 가입대상은 국내에 거주하는 국민으로 18세 이상 60세 미만인 자이다. 다만, 별정우체국 직원 등 특수직역연금 대상자는 제외한다.
④ 국민연금은 노령, 장애, 사망에 대하여 연금급여가 지급되므로 은퇴뿐만 아니라 다양한 사회적 위험에 대비하여 국민생활안정에 기여하는 목적을 갖는다.

11 에스핑 엔더슨(Esping-Andersen)의 복지국가 유형 중 자유주의 복지국가에 대한 설명으로 옳은 것은?

① 탈상품화의 정도가 매우 높다.
② 민간부문의 역할은 미미하고, 공공부분의 역할을 강조한다.
③ 공공부조 프로그램을 상대적으로 중시한다.
④ 보편주의적 원칙을 강조한다.

12 사례관리의 등장 배경이 아닌 것은?

① 시설중심의 서비스 제공

② 복잡하고 분산된 서비스 체계

③ 클라이언트와 그 가족의 과도한 책임

④ 다양한 문제와 욕구를 가진 클라이언트의 증가

13 학생 A의 폭력 문제를 안고 있는 가정을 대상으로 사례관리를 실시하려고 한다. 사례관리 과정을 순서대로 바르게 나열한 것은?

> ㉠ 문제와 관련된 전문가들이 모여 필요한 서비스를 확인하고 서비스의 우선순위를 정한다.
> ㉡ 학생 A의 폭력 정도와 이유에 대해 학생 A 및 가족들과 인터뷰한다.
> ㉢ 서비스를 제공하면서 학생 A의 폭력성 변화 여부를 점검한다.
> ㉣ 가족구성원에게 사례관리에 대해 어떻게 느꼈는지 조사한다.

① ㉠→㉡→㉢→㉣

② ㉡→㉠→㉢→㉣

③ ㉣→㉠→㉡→㉢

④ ㉣→㉡→㉠→㉢

14 노인장기요양보험제도에 대한 설명으로 옳은 것만을 모두 고르면?

> ㉠ 장기요양급여 운영, 장기요양제도의 특성을 살릴 수 있도록 「국민건강보험법」과는 별도로 「노인장기
> 요양보험법」을 제정하였다.
> ㉡ 관리운영기관은 「국민건강보험법」에 의하여 설립된 국민건강보험공단이다.
> ㉢ 수급대상자는 65세 이상의 노인 또는 65세 미만 자로 노인성질병이 없는 장애인이다.
> ㉣ 「노인장기요양보험법」상 서비스는 소득에 비례해서 차등되게 제공된다.
> ㉤ 장기요양기관을 통해 신체활동 또는 가사지원 등의 서비스를 제공한다.

① ㉠, ㉡, ㉤   ② ㉠, ㉢, ㉣

③ ㉡, ㉢, ㉣   ④ ㉡, ㉣, ㉤

15 가족복지정책에 대한 설명으로 옳지 않은 것은?

① 육아휴직제도는 만 8세 이하 또는 초등학교 2학년 이하의 자녀를 가진 근로자에게 1년 이내의 휴직을 허용하는 것이다.

② 출산전후휴가란 산모와 태아의 건강보호를 위해 임신 중인 근로자가 출산전후에 유급출산휴가를 사용하는 것을 말한다.

③ 양육수당은 어린이집을 이용할 경우 소득을 고려하여 '아이행복카드'를 통해 보육료를 차등 지원하는 제도이다.

④ 아이돌봄 서비스는 맞벌이 가정, 다문화가족 등 양육 부담 가정에 아이돌보미가 돌봄을 제공하는 서비스이다.

16 다양화·전문화되는 사회복지 욕구에 능동적으로 대응할 수 있도록 최근 「사회복지사업법」을 개정하여 전문사회복지사제도를 도입하고, 2020년 12월 시행을 앞두고 있다. 이에 따른 전문사회복지사가 아닌 것은?

① 의료사회복지사

② 학교사회복지사

③ 정신건강사회복지사

④ 교정사회복지사

17 국민기초생활보장제도에 대한 설명으로 옳지 않은 것은?

① 소득인정액은 개별가구의 소득평가액과 재산의 소득환산액을 합한 금액이다.

② 부양의무자는 수급권자를 부양할 책임이 있는 사람으로서 수급권자의 1촌 직계혈족 및 그 배우자가 된다.

③ 기준 중위소득은 보건복지부장관이 고시하는 국민 가구소득의 중위값을 말한다.

④ 의료급여와 생계급여는 부양의무자 기준을 적용하지 않는다.

18 장애인복지 이념에 대한 설명으로 옳지 않은 것은?

① 인권존중 – 인간은 누구나 인간으로서 존엄하고, 인간으로서의 평등한 가치를 지닌다는 인식을 기반으로 하는 것을 의미한다.

② 정상화 – 장애인이 주거, 일과, 여가 등 가능한 한 보편에 가까운 생활을 하는 것으로서 장애인에게 사회적으로 가치 있는 일을 부여하고 지원하는 과정을 의미한다.

③ 자립생활 – 장애인이 자기결정권을 가지고 자신이 바라는 생활목표나 생활양식을 선택하여 살아가는 것을 의미한다.

④ 사회통합 – 장애인을 사회적으로 기여할 수 없는 무가치한 존재로 인식하여 비장애인 중심의 일반 사회에서 격리 보호하는 것이 타당하다는 의미이다.

19 측정수준과 그에 대한 예시를 옳게 짝 지은 것은?

① 명목척도-학점, 몸무게

② 서열척도-결혼 여부, 성별

③ 등간척도-토익(TOEIC) 점수, 지능지수(IQ)

④ 비율척도-학년, 온도

20 시장실패에 따른 국가개입의 필요성을 주장하는 논거 중 정보의 비대칭성과 관련 있는 것만을 모두 고르면?

> ㉠ 공공재
> ㉡ 외부효과
> ㉢ 중고차 매매시장
> ㉣ 역의 선택

① ㉠, ㉡

② ㉡, ㉢

③ ㉢, ㉣

④ ㉡, ㉢, ㉣

정답 및 해설

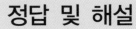

2016. 3. 19.
사회복지직 시행

---

1 ②

② 우리나라는 의료보험, 국민연금, 산업재해보상보험, 고용보험, 노인장기요양보험 등 5대 사회보험제도를 실시하고 있다. 국민기초생활보장은 공공부조제도이다.

2 ④

④ 조지와 윌딩(George & Wilding)이 제시한 '신우파'는 반집합주의 성향을 가지며 평등과 우애보다 자유를 옹호한다. 신우파의 3대 가치는 자유, 개인주의, 불평등이다.

3 ③

보편주의는 기여자와 수혜자를 구별하지 않아 사회통합에 더 효과적이다.

구분	선별주의	보편주의
의미	개인의 복지 문제는 능력에 따라 '개인책임'으로 해결토록 하되, 개인적으로 해결할 수 없는 경우에 한하여 국가가 관여한다.	국가가 평등하게 모든 국민의 욕구를 충족시켜 주어야 한다는 것이다.
장점	• 국가의 책임을 극소화하고 한정된 자원을 효율적으로 이용할 수 있다. • 도움을 가장 필요로 하는 사람에게 집중적으로 사회복지 서비스를 제공해 줌으로써 자원의 낭비가 적다. • 불필요한 의존심을 키워주지 않는다. • 목표효율성을 높일 수 있다.	• 낙인감을 심어주지 않으며, 사회통합에 효과적이다. • 인간 존엄성의 보장이라는 사회적 효과성이 있다. • 절차가 간단하고 복지 서비스의 균일성을 보장할 수 있다. • 경제적 안정과 성장에 이바지할 수 있다.
단점	• 자산조사에 많은 시간과 비용이 소모되고, 효율성이 떨어진다. • 서비스 대상자로 하여금 낙인감을 느끼게 할 수 있다. • 대상자에서 제외된 차상위계층에 대한 문제가 있다.	• 꼭 필요한 사람이 서비스를 제대로 받을 수 없는 경우가 생길 수 있다. • 국가에 대한 의존심을 높일 수 있다. • 자원의 낭비가 발생하는 등 목적효율성이 떨어진다. • 국가책임을 가중시킨다.

4 ②

② 「최저임금법」 : 1986년
① 「국민기초생활 보장법」 : 1999년
③ 「장애인차별금지 및 권리구제 등에 관한 법률」 : 2007년
④ 「국민건강보험법」 : 1999년

5 ②

㉠ 자선조직협회에서는 빈곤문제의 책임을 개인에게 있다고 보았지만, 인보관운동에서는 사회구조에 있다고 보았다.
㉢ 자선조직협회는 자선단체의 난립으로 인한 서비스의 중복, 누락, 소외, 비효율적 운영, 재원의 낭비 등을 막기 위하여 자선단체들을 등록하여 그들의 활동을 조절할 목적으로 결성되었다.
㉡ 빈민보호를 위한 조직화는 자선조직협회에 대한 설명이 맞지만, 입법활동 등을 통하여 사회개혁에 힘쓴 것은 인보관운동에 대한 설명이다.

6 ②

② 정주법(1662년)은 노동자의 이동에 관한 조건을 법령으로 규제하였고, 빈민들의 이동을 금지하여 빈곤문제를 교구 단위로 해결하고자 하였다.
① 엘리자베스의 구빈법(1601년)은 노동능력이 있는 빈민은 작업장에, 노동능력이 없는 빈민은 구빈원에, 빈곤아동은 직업훈련 등으로 노동능력 유무에 따라 범주화하여 차별처우 하였다.
③ 스핀햄랜드법(1795년)은 최저생계를 보장을 통한 생존권 보장을 목적으로 하였지만, 수급자들의 근로동기 저하 및 도덕적 해이 등의 문제를 발생시켰다.

④ 신구빈법(1834년)은 노동능력이 있는 자는 작업장에 배치하여 원내구제를 제공하고, 노인·유아·병약자와 아동을 거느린 과부 등 노동능력이 없는 자에게는 원외구제가 지속되었다.

7 ①
㉠ 절대적 빈곤은 최소한의 생활수준에 미치지 못하는 것, 즉 최저생활을 유지하는 데 필요한 소득이 결여된 상태를 말한다.
㉡ 빈곤 갭은 빈곤층의 평균소득과 빈곤선의 격차를 나타내는 비율로 빈곤 선 이하의 사람들의 소득을 빈곤선 수준까지 끌어올리기 위해 어느 정도의 소득이 필요한지 보여주는 지표이다. 자력으로 일을 해서 가난으로부터 벗어나려 하기보다 사회복지급여에 의존하여 생계를 해결하려는 의존심이 생기는 현상은 빈곤의 덫(빈곤함정)이다.
㉢ 상대적 빈곤은 다른 사람들과 비교해 상대적으로 적게 가지고 있는 상태를 말하며, 한 사회의 평균적인 생활수준과 비교하여 빈곤을 규정하는 것이다.
㉣ 전물량방식과 반물량방식은 상대적 빈곤이 아니라 절대적 빈곤 산정방식이다.

8 ①
사회복지사의 클라이언트에 대한 윤리기준 중 '동료의 클라이언트와의 관계'
• 사회복지사는 적법하고도 적절한 논의 없이 동료 혹은, 다른 기관의 클라이언트와 전문적 관계를 맺어서는 안 된다.
• 사회복지사는 긴급한 사정으로 인해 동료의 클라이언트를 맡게 된 경우, 자신의 의뢰인처럼 관심을 갖고 서비스를 제공한다.

9 ①
① 비례적 평등 : 개인의 욕구, 능력, 노력, 기여에 따라 사회적 자원을 상이하게 배분하는 것으로 흔히 형평 또는 공평이라고 부른다.
② 조건의 평등 : 기회의 평등과 연결되는 개념이며, 사회적 기회를 획득하려는 자유경쟁의 출발조건을 정비하고자 노력하는 것이다. 동일한 업적에 대해 동일한 보상을 제공하는 것은 비례적 평등에 해당한다.
③ 수량적 평등 : 평등의 개념 중 가장 적극적인 것으로 결과의 평등이라 할 수 있으며, 개인의 기여도와 상관없이 사회적 자원을 똑같이 분배하는 것을 강조한다. 하지만 이러한 평등은 현실적으로 실현하기가 어렵다.
④ 기회의 평등 : 참여와 시작단계에서의 평등을 강조하지만, 결과의 평등은 보장하지 않기 때문에 가장 소극적인 평등의 개념이라고 볼 수 있다.

10 ④
㉠ 사례관리는 장기적인 보호를 필요로 하는 클라이언트를 대상으로 '지역사회에서' 비용 – 효율적으로 관리하기 위해 고안된 실천방법이다.
㉢ 클라이언트의 무의식을 분석하여 자신의 문제를 깨닫도록 돕는 것을 목표로 하는 것은 프로이드의 정신분석이론(정신역동모델)이다.

11 ③
③ 국가와 지방자치단체는 학생, 공무원, 근로자, 그 밖의 일반국민 등을 대상으로 장애인에 대한 인식개선을 위한 교육 및 공익광고 등 홍보사업을 실시하여야 한다〈법 제25조〉.
① 발달장애 또는 정신 질환으로 발생하는 장애는 정신적 장애에 포함된다〈법 제2조〉.
② 장애인 거주시설이란 거주공간을 활용하여 일반가정에서 생활하기 어려운 장애인에게 일정 기간 동안 거주·요양 지원 등의 서비스를 제공하는 동시에 지역사회생활을 지원하는 시설이다〈법 제58조〉.
④ 보건복지부장관은 장애인 복지정책의 수립에 필요한 기초 자료로 활용하기 위하여 3년마다 장애실태조사를 실시하여야 한다〈법 제31조〉.

12 ③
사회복지사의 역할
㉠ **교육자** : 사회복지사는 정보를 제공하고 행동과 기술을 지도하는 등 클라이언트가 자신의 능력을 강화시킬 수 있도록 가르치는 역할을 한다.
㉡ **조력자** : 사회복지사는 클라이언트의 대처능력을 강화시키고, 자원을 발견하여 활용할 수 있도록 도와주는 역할이다.
㉢ **중개자** : 사회복지사는 도움을 필요로 하는 개인이나 집단을 지역사회의 자원 및 서비스와 연결하는 역할을 한다.
㉣ **중재자** : 사회복지사는 클라이언트와 상대방 등이 서로 간에 갈등을 해결하도록 설득 및 화해의 절차들을 통해 공동의 기반을 발견하도록 조력한다.
㉤ **옹호자** : 사회복지사는 클라이언트를 대신해서 계약된 목적을 달성하기 위해 클라이언트 개인이나 가족의 권리를 주장하고 옹호하며 정책적 변화를 모색하기 위한 활동을 한다.

13 ①

① 환기는 클라이언트의 문제나 상황과 관련된 감정을 클라이언트로 하여금 표출하도록 하는 기법이다.

② 직면은 클라이언트의 부정적인 감정, 생각, 행동들을 클라이언트로 하여금 인식하도록 돕는 매우 직접적인 방법이다.

③ 재보증은 사회복지사가 클라이언트에 대한 신뢰를 표현함으로써 클라이언트의 자신감을 향상시키는 기법이다.

④ 일반화는 클라이언트가 겪는 일이 자신만이 가지고 있는 문제가 아니라는 것을 인식하게 하는 기법이다.

14 ③

ⓒ '부양의무자'란 수급권자를 부양할 책임이 있는 사람으로서 수급권자의 1촌의 직계혈족 및 그 배우자를 말한다. 다만, 사망한 1촌의 직계혈족의 배우자는 제외한다〈법 제2조〉.

ⓐ 수급자 및 차상위자는 상호 협력하여 자활기업을 설립·운영할 수 있다〈법 제18조 제1항〉.

ⓑ 국가 또는 시·도가 직접 수행하는 보장업무에 드는 비용은 국가 또는 해당 시·도가 부담한다〈법 제43조 제1항〉.

ⓓ 이 법에 따른 급여의 종류는 생계급여, 주거급여, 의료급여, 교육급여, 해산급여(解産給與), 장제급여(葬祭給與), 자활급여 이다〈법 제7조 제1항〉.

15 ④

아동학대범죄 신고의무와 절차〈아동학대범죄의 처벌 등에 관한 특례법 제10조 제2항〉

① 누구든지 아동학대범죄를 알게 된 경우나 그 의심이 있는 경우에는 시·도, 시·군·구 또는 수사기관에 신고할 수 있다.

② 다음 중 어느 하나에 해당하는 사람이 직무를 수행하면서 아동학대범죄를 알게 된 경우나 그 의심이 있는 경우에는 시·도, 시·군·구 또는 수사기관에 즉시 신고하여야 한다.

　ⓐ 「아동복지법」에 따른 아동권리보장원 및 가정위탁지원센터의 장과 그 종사자

　ⓑ 아동복지시설의 장과 그 종사자

　ⓒ 「아동복지법」에 따른 아동복지전담공무원

　ⓓ 「가정폭력방지 및 피해자보호 등에 관한 법률」에 따른 가정폭력 관련 상담소 및 가정폭력피해자 보호시설의 장과 그 종사자

　ⓔ 「건강가정기본법」에 따른 건강가정지원센터의 장과 그 종사자

　ⓕ 「다문화가족지원법」에 따른 다문화가족지원센터의 장과 그 종사자

　ⓖ 「사회복지사업법」에 따른 사회복지 전담공무원 및 사회복지시설의 장과 그 종사자

　ⓗ 「성매매방지 및 피해자보호 등에 관한 법률」에 따른 지원시설 및 성매매피해상담소의 장과 그 종사자

　ⓘ 「성폭력방지 및 피해자보호 등에 관한 법률」에 따른 성폭력피해상담소, 성폭력피해자보호시설의 장과 그 종사자 및 성폭력피해자통합지원센터의 장과 그 종사자

　ⓙ 「소방기본법」에 따른 구급대의 대원

　ⓚ 「응급의료에 관한 법률」에 따른 응급의료기관등에 종사하는 응급구조사

　ⓛ 「영유아보육법」에 따른 육아종합지원센터의 장과 그 종사자 및 어린이집의 원장 등 보육교직원

　ⓜ 「유아교육법」에 따른 교직원 및 강사 등

　ⓝ 「의료법」 의료기관의 장과 그 의료기관에 종사하는 의료인 및 의료기사

　ⓐ 「장애인복지법」에 따른 장애인복지시설의 장과 그 종사자로서 시설에서 장애아동에 대한 상담·치료·훈련 또는 요양 업무를 수행하는 사람

　ⓑ 「정신건강증진 및 정신질환자 복지서비스 지원에 관한 법률」에 따른 정신건강복지센터, 정신의료기관, 정신요양시설 및 정신재활시설의 장과 그 종사자

　ⓒ 「청소년기본법」에 따른 청소년시설 및 청소년단체의 장과 그 종사자

　ⓓ 「청소년 보호법」에 따른 청소년 보호·재활센터의 장과 그 종사자

　ⓔ 「초·중등교육법」에 따른 교직원, 전문상담교사 및 산학겸임교사 등

　ⓕ 「한부모가족지원법」에 따른 한부모가족복지시설의 장과 그 종사자

　ⓖ 「학원의 설립·운영 및 과외교습에 관한 법률」에 따른 학원의 운영자·강사·직원 및 교습소의 교습자·직원

　ⓗ 「아이돌봄 지원법」에 따른 아이돌보미

　ⓘ 「아동복지법」에 따른 취약계층 아동에 대한 통합서비스지원 수행인력

　ⓙ 「입양특례법」에 따른 입양기관의 장과 그 종사자

16 ④

㉠ 시·도지사는 시·도의 사회보장 증진을 위하여 시·도 사회보장위원회를 둔다〈법 제40조〉.

㉡ 보장기관의 장은 지역사회보장계획의 수립 및 지원 등을 위하여 지역 내 사회보장 관련 실태와 지역주민의 사회보장에 관한 인식 등에 관하여 필요한 조사(지역사회보장조사)를 실시할 수 있으며, 시·도지사 및 시장·군수·구청장은 지역사회보장계획 수립 시 지역사회보장조사 결과를 반영할 수 있다〈법 제35조 제7항〉. 법 제35조 제7항에 따른 지역사회보장조사는 4년마다 실시한다. 다만, 필요한 경우에는 수시로 실시할 수 있다〈시행령 제21조〉.

㉢ 시·군·구 지역사회보장계획은 다음 각 호의 사항을 포함하여야 한다〈법 제36조 제1항〉.
  • 지역사회보장 수요의 측정, 목표 및 추진전략
  • 지역사회보장의 목표를 점검할 수 있는 지표(지역사회보장지표)의 설정 및 목표
  • 지역사회보장의 분야별 추진전략, 중점 추진사업 및 연계협력 방안
  • 지역사회보장 전달체계의 조직과 운영
  • 사회보장급여의 사각지대 발굴 및 지원 방안
  • 지역사회보장에 필요한 재원의 규모와 조달 방안
  • 지역사회보장에 관련한 통계 수집 및 관리 방안
  • 지역 내 부정수급 발생 현황 및 방지대책
  • 그 밖에 대통령령으로 정하는 사항

㉣ 특별자치시장 및 시장·군수·구청장은 지역사회보장계획안의 주요 내용을 20일 이상 공고하여 지역주민 등 이해관계인의 의견을 들은 후 특별자치시장 및 시·군·구의 지역사회보장계획을 수립하여야 한다.〈시행령 제20조 제2항〉.

17 ③

③ 이 법은 고령이나 노인성 질병 등의 사유로 일상생활을 혼자서 수행하기 어려운 노인등에게 제공하는 신체활동 또는 가사활동 지원 등의 장기요양급여에 관한 사항을 규정하여 노후의 건강증진 및 생활안정을 도모하고 그 가족의 부담을 덜어줌으로써 국민의 삶의 질을 향상하도록 함을 목적으로 한다〈법 제1조〉.

① 장기요양급여는 노인등이 가족과 함께 생활하면서 가정에서 장기요양을 받는 재가급여를 우선적으로 제공하여야 한다〈법 제3조 제3항〉.

② 장기요양인정 및 장기요양등급 판정 등을 심의하기 위하여 공단에 장기요양등급판정위원회를 둔다〈제52조 제1항〉. 등급판정기준은 장기요양1~5등급으로 나뉜다〈시행령 제7조〉.

④ 장기요양사업의 관리운영기관은 국민건강보험공단으로 한다〈법 제48조 제1항〉.

18 ②

② 전문적 지식과 기술을 활용한 치료계획을 통해 클라이언트의 증상을 치료하는 구조적인 접근방법은 병리(pathology) 관점이다.

※ 권한부여 모델(임파워먼트 모델)
  • 생태체계 관점과 강점 관점을 이론적 기반으로 한다.
  • 개인은 독특한 존재이며, 강점과 재능 및 자원 등을 가진다.
  • 변화를 위한 자원은 개인·가족·지역사회의 장점과 능력이다.
  • 클라이언트와 사회복지사는 협력적인 파트너십을 가진다.

19 ②

② 1952년 국제노동기구(ILO)가 제정한 「사회보장의 최저기준에 관한 조약」의 사회보장 급여는 의료급여, 질병(상병)급여, 실업급여, 노령급여, 산재급여(업무상재해급여, 고용재해급여), 가족급여, 모성급여(출산급여), 폐질급여(장애급여), 유족급여가 있다.

20 ②

② 타당도 : 측정하고자 하는 것을 얼마나 정확하게 측정하였는지
① 신뢰도 : 측정하고자 하는 것을 얼마나 일관성 있게 측정하였는지
③ 자유도 : 어떤 물체의 운동을 설명하기 위해 필요한 변수의 개수
④ 산포도 : 대표값을 중심으로 자료들이 흩어져 있는 정도

1 ②

② 에스핑 앤더슨은 탈상품화와 사회 계층화를 기준으로 하여 사회복지모델을 자유주의적 복지국가, 조합주의적 복지국가, 사회민주주의적 복지국가로 구분하였다. 탈상품화 수준에 따라 사회복지모델을 잔여적 복지와 제도적 복지로 구분한 것은 윌렌스키와 르보이다.

2 ③

③ 사회보험은 최저수준의 소득 보장을, 민영보험은 지불능력에 따른 급여 보장을 목적으로 한다.

3 ④

① **공공부조** : 국가와 지방자치단체의 책임 하에 생활 유지 능력이 없거나 생활이 어려운 국민의 최저생활을 보장 하고 자립을 지원하는 제도를 말한다.

② **평생사회안전망** : 생애주기에 걸쳐 보편적으로 충족되어야 하는 기본욕구와 특정한 사회위험에 의하여 발생하는 특수욕구를 동시에 고려하여 소득·서비스를 보장하는 맞춤형 사회보장제도를 말한다.

④ **사회서비스** : 국가·지방자치단체 및 민간부문의 도움이 필요한 모든 국민에게 복지, 보건의료, 교육, 고용, 주거, 문화, 환경 등의 분야에서 인간다운 생활을 보장하고 상담, 재활, 돌봄, 정보의 제공, 관련 시설의 이용, 역량 개발, 사회참여 지원 등을 통하여 국민의 삶의 질이 향상되도록 지원하는 제도를 말한다.

4 ④

① 세계에서 가장 먼저 도입된 사회보험제도는 독일의 질병보험이다.

② 영국의 국민보험법(1911)은 건강보험과 실업보험 제도를 도입하는 내용이었다.

③ 미국은 사회보장법(1935)의 제정으로 사회보험(노령보험과 실업보험), 공공부조, 보건복지서비스의 세 가지 제도가 도입되었다.

5 ③

③ 기회균등 : 사회는 개인에게 균등한 기회를 차별 없이 제공해야 한다.

6 ①

① 제시된 연구설계에서 도구효과가 발생할 가능성은 거의 없다.

※ **도구효과** … 사전검사와 사후검사에서 조사도구가 바뀌거나, 동일한 조사도구라도 신뢰도가 낮은 도구를 사용하면 사후검사 시 종속변수에 변화가 있더라도 이것이 독립변수 때문이라고 주장할 수 없어 내적 타당성을 저해하는 것을 말한다.

7 ③

바우처(voucher)는 일정한 용도 내에서 수급자로 하여금 원하는 재화나 서비스를 자유롭게 선택할 수 있게 하는 방법이다.

③ 현물급여와 현금급여 형태의 중간적 성격으로 인해 주요한 급여형태로 쓰이지 못한다.

8 ①

① 자활지원계획의 수립 조항은 2014년 12월 30일 개정 전에도 규정되어 있었다.

9 ④

④ 근로장려금의 크기는 소득구간이 높아질수록 비례하여 작아진다.

10 ①

② 「국민복지연금법」은 1973년에 제정되었다.

③ 분권교부세에 근거한 사회복지사업의 지방이양은 2000년대부터 이루어졌다.

④ 「영유아보육법」은 1991년에 제정되었다.

11 ②

로웬버그와 돌고프의 윤리원칙 적용 순서 … 생명보호의 원칙 → 평등과 불평등의 원칙 → 자율성과 자유의 원칙 → 최소한 손실의 원칙 → 삶의 질의 원칙 → 사생활 보호와 비밀보장의 원칙 → 진실성과 정보개방의 원칙

12 ④

④ 아동을 매매하는 행위를 한 자는 10년 이하의 징역에 처한다.

13 ④

④ 사회복지실천의 면접은 계약에 의한다.

14 ②

② 위기집단은 일반인구의 하위집단으로 위기에 노출될 위험에 있거나 욕구가 있는 집단이다. 실제 프로그램에 참여하는 집단은 클라이언트 집단이다.

15 ①

① 지역별 다양한 사회복지 서비스 욕구에 탄력적으로 대응하기 쉬운 것은 지방자치단체이다.

16 ②

② 클라이언트의 문제와 욕구들이 점차 복잡하고 다양해지면서 사회복지실천의 통합적 접근방법이 등장하였다.

17 ③

① 노인복지주택에 입소할 수 있는 자는 60세 이상의 노인으로 한다.

② 기초연금은 65세 이상인 사람으로서 소득인정액이 보건복지부장관이 정하여 고시하는 금액 이하인 사람에게 지급하는 급여이다.

④ 장기요양보험제도는 요양시설에 거주하지 않거나(재가급여), 경증의 노인성 치매 등과 같이 중증질환이 아닌 사람들도 대상으로 한다.

18 ②

C. **사회적 배제** : 빈곤을 포함한 다차원적 불리함, 즉 전반적인 사회문제를 나타내는 새로운 개념으로, 빈곤을 단순히 소득의 결핍이 아닌 빈곤의 다차원적인 측면을 강조한다. → ㉠

A. **신빈곤** : 근로능력이 있어도 일자리가 없거나 경제활동에 참여하고 있어도 실질적인 소득이 낮아 빈곤한 경우이다. → ㉡

D. **정상화** : 장애인의 생활환경과 조건을 일반인의 생활표준에 최대한 가깝게 하여 장애인을 비정상이 아닌 정상적 사회구성원으로 인식하는 것이다. → ㉢

E. **사회행동** : 불우계층에 처한 사람들이 사회정의와 민주주의에 입각해 지원의 확대와 처우의 향상을 요구하는 행동을 말한다. → ㉣

19 ④

차별행위〈장애인차별금지 및 권리구제 등에 관한 법률 제4조 제1항〉 … 이 법에서 금지하는 차별이라 함은 다음의 어느 하나에 해당하는 경우를 말한다.

㉠ 장애인을 장애를 사유로 정당한 사유 없이 제한·배제·분리·거부 등에 의하여 불리하게 대하는 경우

㉡ 장애인에 대하여 형식상으로는 제한·배제·분리·거부 등에 의하여 불리하게 대하지 아니하지만 정당한 사유 없이 장애를 고려하지 아니하는 기준을 적용함으로써 장애인에게 불리한 결과를 초래하는 경우

㉢ 정당한 사유 없이 장애인에 대하여 정당한 편의 제공을 거부하는 경우

㉣ 정당한 사유 없이 장애인에 대한 제한·배제·분리·거부 등 불리한 대우를 표시·조장하는 광고를 직접 행하거나 그러한 광고를 허용·조장하는 경우. 이 경우 광고는 통상적으로 불리한 대우를 조장하는 광고효과가 있는 것으로 인정되는 행위를 포함한다.

ⓜ 장애인을 돕기 위한 목적에서 장애인을 대리·동행하는 자(장애아동의 보호자 또는 후견인 그 밖에 장애인을 돕기 위한 자임이 통상적으로 인정되는 자를 포함)에 대하여 ㉠부터 ㉣까지의 행위를 하는 경우. 이 경우 장애인 관련자의 장애인에 대한 행위 또한 이 법에서 금지하는 차별행위 여부의 판단대상이 된다.

ⓗ 보조견 또는 장애인보조기구 등의 정당한 사용을 방해하거나 보조견 및 장애인보조기구 등을 대상으로 ㉣에 따라 금지된 행위를 하는 경우

20 ③

역전이(counter-transference) … 사회복지사가 과거에 다른 사람에게서 가졌던 감정을 현재의 클라이언트에게서 느끼고 반응하는 현상을 말한다. 역전이는 전이와 마찬가지로 강한 비현실적 감정이며 긍정적 변화를 방해하고 왜곡시킨다.

2017. 3. 18.
제1회 서울특별시 시행

---

1 ①

국가와 지방자치단체는 모든 국민이 <u>건강</u>하고 <u>문화</u>적인 생활을 유지할 수 있도록 사회보장급여의 수준 향상을 위하여 노력하여야 한다〈사회보장기본법 제10조(사회보장급여의 수준) 제1항〉.

2 ③

급여액의 산정은 연금액=기본연금액 × 지급률+부양가족연금액으로, 가입기간과 연금보험료 납부액에 따라 차이가 생긴다.
기본연금액=소득대체율 비례상수(A+B) × (1+0.05n/12)인데, A는 연금수급전 3년간 전체 가입자의 평균소득월액의 평균액을 의미하고, B값은 가입자 개인의 가입기간 중 기준소득월액의 평균액을 의미하며, n은 20년 초과 가입월수를 의미한다. 본인의 최종소득은 국민연금의 급여액 산정에 영향을 미치지 않는다.

3 ②

② 파생적 외부성은 정부실패의 원인 중 하나로, 정부가 시장에 개입함으로써 발생하는 잠재적·비의도적 확산효과나 부작용을 말한다.

4 ④

㉠ 방어기제는 무의식적으로 작동되는 심리기제이다.
㉢ 한 사람은 한 번에 한 가지 이상의 방어기제를 사용하기도 한다.

5 ④

① 「사회복지사업법」에 근거한다.
② 사회복지법인이 아니어도 사회복지시설을 운영할 수 있다. 국가 또는 지방자치단체 외의 자가 사회복지시설을 설치·운영하려는 경우에는 보건복지부령으로 정하는 바에 따라 시장·군수·구청장에게 신고하여야 한다.
③ 사회복지법인을 설립하려면 시·도지사의 허가를 받아야 한다.

6 ③

③ 단기개입, 구조화된 접근, 클라이언트의 자기결정권에 대한 존중, 클라이언트의 환경에 대한 개입, 개입의 책임성 등을 강조하는 것은 과제중심모델의 특징이다. 행동주의모델은 관찰가능한 행동과 환경에 초점을 두고 이를 분석하고 변화시킴으로써 클라이언트의 욕구를 충족시키고자 한다.

7 ③

제시된 내용은 개별화 원칙에 부합한다.
※ 비스텍(Biestek)의 7가지 원칙
 ㉠ 개별화
 ㉡ 의도된 감정표현
 ㉢ 통제된 정서적 관여
 ㉣ 수용
 ㉤ 비심판적 태도
 ㉥ 자기결정
 ㉦ 비밀보장

8 ②

㉢ 스핀햄랜드법은 노동자의 임금 및 생활 개선에는 도움을 주지 못한 채, 고용주들의 임금 인하와 노동자들의 근로의욕 저하 등을 초래하였고 그로 인해 구빈세 지출이 급증했다.

9 ③

③ 특수성에서 보편성으로 변화되어 왔다. 산업화 이전의 사회복지 대상이 빈민에 한정되었다면, 산업화 이후의 사회복지 대상은 전 국민으로 인식과 범위의 변화가 있었다.

10 ②

사회인구학적 조건에는 인구구조, 사회계층, 소득수준, 가구형태 등이 있다.

※ 사회복지조직의 일반환경
  ㉠ 경제적 조건 : 자원공급의 절대량과 서비스 수요에 영향
  ㉡ 사회인구학적 조건 : 장기적인 서비스의 수요 변동과 예측에 영향
  ㉢ 문화적 조건 : 사회의 가치와 규범. 사회복지조직의 목표와 기술에 영향
  ㉣ 정치적·법적 조건 : 자원의 흐름에 대한 통제에 영향
  ㉤ 기술적 조건 : 사회의 기술적 진보 혹은 변화가 초래하는 영향

11 ④

④ 자기옹호, 개인옹호 등 옹호활동은 개별 사례나 클라이언트 개인의 문제를 다루는 미시적 실천에서도 활용될 수 있다.

12 ②

사회복지사를 찾아가 도움을 요청하고 계약을 맺은 아내는 클라이언트체계, 변화의 대상이 되는 남편은 표적체계에 해당한다.

13 ①

「한부모가족지원법」 제2장 복지의 내용과 실시에는 국가와 지방자치단체의 한부모가족에 대한 복지 조치로 지원대상자 조사, 복지급여의 신청, 복지급여수급계좌, 복지 자금의 대여, 고용의 촉진, 고용지원 연계, 공공시설에 매점 및 시설 설치, 시설 우선이용, 가족지원서비스, 청소년 한부모에 대한 교육 지원, 자녀양육비 이행지원, 청소년 한부모의 자립 지원, 아동·청소년 보육·교육, 국민주택의 분양 및 임대 등이 규정되어 있다.

14 ④

④는 클라이언트의 개인적 특성으로 보는 것이 적절하다.

※ 사회복지서비스 접근의 장애요인
  ㉠ 서비스에 대한 정보의 결여 또는 부족
  ㉡ 지리적·시간적 장애
  ㉢ 심리적 장애
  ㉣ 선정절차상의 장애
  ㉤ 자원의 부족

15 ④

리커트 척도 … 특정 대상에 대한 개인의 생각, 태도 등을 측정하는 데 사용되는 척도의 한 유형이다. 응답자는 측정대상에 대한 태도를 측정하는 것으로 간주되는 일련의 문항들에 대해 강한 찬성, 찬성, 보통, 반대, 강한 반대 등의 다섯 가지 중 하나를 선택하게 하고, 이 결과로 얻은 값을 모든 문항에 대해서 합친 총점 혹은 그것을 문항 수로 나누어 얻은 평균값을 특정 대상에 대한 개인의 태도 점수로 보는 것이다.

16 ①

② 사례관리자는 대상자의 문제해결을 위해서 클라이언트 개인을 변화시키기 위한 직·간접적인 서비스를 통합적으로 제공하는 것에 초점을 두고 활동한다.

③ 사례관리는 탈시설화를 배경으로 한다. 사례관리는 지역사회에서 생활하는 클라이언트의 복합적인 욕구를 해결하기 위한 포괄적 서비스 제공 체계를 구축하기 위해 시작되었다.

④ 클라이언트의 심리치료나 상담뿐만 아니라 서비스 연결, 공식적 자원과 비공식적 자원의 동시 활용, 사례관리기관 상호 간 조정 등 다양한 기능을 수행하며, 개인과 환경을 모두 중요시한다.

17 ③

① 세계 최초의 사회보험제도는 독일의 건강보험(1883년)이다.

② 영국 국민보험법(1911년)은 건강보험과 실업보험으로 구성되었다.

④ 베버리지보고서(1942년)는 사회보험 6대 원칙 중 하나로 균일기여를 제안하였다.

18 ④

① 지역사회개발모델은 자조에 기반하며, 과정목표 지향적이다.

② 사회계획모델에서는 변화전략으로 주로 문제에 대한 자료수집과 가장 합리적인 행동조치의 결정이 사용된다.

③ 세 모델 중 전문가의 역할이 가장 중요한 것은 사회계획모델이다.

19 ①

국제노동기구(ILO)가 제정한 「사회보장의 최저기준에 관한 조약」의 사회보장 급여에는 의료·질병·실업·노령·업무상 재해·가족·모성·폐질·유족 급여가 있다.

20 ②

ⓒ 최저임금제도 도입(1986년 최저임금법 제정, 1988년 적용) → ⓔ 4대 사회보험체제 완비(1995년) → ⓕ 국민기초생활보장제도 시행(2000년) → ⓖ 저출산·고령사회기본계획 수립(2005년 저출산·고령사회기본법 제정, 2006년 기본계획 및 시행계획)

2017. 4. 8.
사회복지직 시행

---

1 ③

① 보편주의는 자산이나 욕구에 관계없이 특정 범주에 속한 모든 사람이 급여나 서비스를 받을 수 있음을 의미한다.

② 선별주의를 적용한 제도에는 빈곤층을 위한 공동주택, 공공부조 등이 있다.

④ 선별주의는 개인의 소득을 조사하는 데서 기인하는 비인간화 과정을 수반한다.

2 ②

② 가정위탁은 대리적 서비스에 해당한다.

※ **카두신의 아동복지서비스 유형**

ⓐ 지지적 서비스 : 부모와 아동의 능력을 지원하고 강화시켜 주는 서비스

ⓑ 보충적 서비스 : 가정 내 부모 역할의 일부를 보조·보충해 주는 서비스

ⓒ 대리적 서비스 : 정상적 가정을 유지하기 어려울 때, 부모 양육을 일시적 혹은 영구적으로 대리해 주는 서비스

3 ③

청소년이란 9세 이상 24세 이하인 사람을 말한다. 다만, 다른 법률에서 청소년에 대한 적용을 다르게 할 필요가 있는 경우에는 따로 정할 수 있다〈청소년 기본법 제3조 제1호〉.

4 ④

제시된 내용은 조력자로서의 사회복지사의 역할에 대한 설명이다. 사회복지사는 중개자, 조력자, 교육자, 중재자, 옹호자 등 다양한 역할을 수행한다.

5 ③

드림스타트는 취약계층 아동에게 맞춤형 통합서비스를 제공하여 아동의 건강한 성장과 발달을 도모하고 공평한 출발기회를 보장함으로써 건강하고 행복한 사회구성원으로 성장할 수 있도록 지원하는 사업이다.

ⓔ 아동의 사회진출 시 필요한 자립자금을 마련해 주는 것은 아니다.

6 ③

ⓔ 할당표집은 비확률표집방법이다.

※ **확률표집방법과 비확률표집방법의 예**

ⓐ 확률표집방법 : 단순무작위표집, 체계적 표집, 집락표집, 층화표집 등

ⓑ 비확률표집방법 : 할당표집, 편의표집, 유의표집, 눈덩이표집 등

7 ②

② 스웨덴 등 북유럽 복지국가 모델은 탈상품화의 정도가 가장 높은 것으로 평가된다.

※ **에스핑-앤더슨의 복지국가 유형화 특징**

ⓐ 복지국가 유형화에 관한 가장 최근의 연구이다.

ⓑ 탈상품화와 계층화를 기준으로 한다.

ⓒ 탈상품화는 노동자가 자신의 노동력을 상품으로 시장에 내다 팔지 않고도 삶을 영위할 수 있는 정도이다.

ⓔ 탈상품화 정도가 높을수록 복지선진국을 의미한다.

ⓕ 자유주의적 복지국가<보수-조합주의적 복지국가<사회민주적 복지국가로 갈수록 탈상품화 수준이 높다.

8 ④

① 제도적 사회복지는 사회구성원 간의 상부상조를 주요기능으로 하고, 다른 사회제도의 기능과 구별되어 독립적으로 수행되는 제도이다.

② 잔여적 사회복지는 사회복지의 급여나 서비스를 국민에 대한 시혜로 간주한다.

③ 제도적 사회복지는 사회복지 대상자에 대한 낙인감을 수반하지 않는 것을 기본전제로 한다.

9 ①

① 개인의 기본적인 복지권은 타인의 자기결정권보다 우선한다.

※ 리머의 윤리적 결정지침 … 리머는 사회복지실천 현장에서 직면하는 윤리적 갈등의 유형을 분류하고 각각 사회복지사가 우선적으로 고려해야 하는 윤리적 가치와 그에 근거한 근무 및 행위를 제시하였다.

ⓐ 인간활동에 필수적인 전제조건에 대한 위해와 관련된 규범들은 거짓정보 제공이나 비밀의 폭로, 오락, 교육, 부 등과 같은 부차적인 것들의 위해와 관련된 규범에 우선한다.

ⓑ 어떤 개인이 가진 기본적인 안녕에 대한 권리는 타인이 가진 자기결정권에 우선한다.

ⓒ 어떤 개인이 가지는 자기결정에 관한 권리는 자신의 기본적인 안녕에 대한 권리에 우선한다.

ⓓ 자신이 자유로운 상태에서 스스로 동의한 법률, 규칙, 규정을 준수하는 것은 이러한 법률, 규칙, 규정과 상충되는 방식으로 자유롭게 행동할 수 있는 개인의 권리에 우선한다.

ⓔ 개인이 가지는 안녕에 대한 권리가 자신이 자발적으로 참여한 단체의 법률, 규정, 협정 등과 충돌할 때에는 행복에 대한 권리가 우선한다.

ⓕ 기아 등과 같은 기본적인 해악을 예방해야 된다는 의무와 주택, 교육, 공적부조 등과 같은 공공재를 제공해야 된다는 의무는 개인이 자신의 재산에 대해서 전적으로 가지는 처분권에 우선한다.

10 ③

③ 현물급여는 복지서비스를 현물의 형태로 제공하는 것으로 선택의 자유를 제한한다는 단점이 있다. 선택의 자유를 보장하는 것은 현금급여이다.

11 ④

④ 성과목표는 사회복지 프로그램을 통해 클라이언트가 변화된 결과를 나타내는 최종적인 목표이고 과정목표는 최종목표를 달성하기 이전에 사회 복지 프로그램의 수행과정별로 설정하는 과정상의 목표이다.

12 ④

과제중심모델은 리드와 엡스타인 등에 의해 소개된 것으로 클라이언트가 인식한 문제에 초점을 둔 단기 개입을 한다. 클라이언트가 자신에게 주어진 행동적 과업을 통해 스스로 문제를 해결할 수 있도록 돕는 실천방법이다.

13 ①

통제된 정서적 관여의 의미

ⓐ 정서적 관여는 클라이언트의 감정에 대한 사회복지사의 민감성, 그의 감정이 의미하는 것에 대한 이해, 그의 감정에 대한 의도적이고 적절한 반응을 의미한다.

ⓑ 클라이언트는 표현된 감정에 대한 공감적 반응을 얻고 싶어하고, 사회복지사의 적절한 정서적 관여는 클라이언트로 하여금 수용된다는 느낌을 가지게 하여 심리적 안정을 찾는다.

ⓒ 관여는 통제되는 것으로, 상담의 총체적 목적과 클라이언트의 변화하는 욕구나 사회복지사의 진단적 사고에 따라 의도적이며 적절한 반응의 방향이 설정되어야 한다.

14 ①

논리모델 프로그램의 과정

ⓐ 투입 : 프로그램에 투여되거나 프로그램에 의해 소비된 자원→(다)

ⓑ 활동 : 임무를 수행하기 위해 프로그램에서 하는 활동→(라)

ⓒ 산출 : 프로그램 활동의 직접적 결과물 및 실적 등→(가)

ⓓ 성과 : 프로그램 활동 중 또는 활동 이후 참여자들이 얻은 이익 또는 혜택→(나)

15 ④

④ 사례관리는 서비스 비용 절감을 추구한다.

16 ④

④ 자선조직협회는 빈곤의 원인을 개인의 책임으로 인보관 운동은 사회구조적인 책임으로 보았다.

17 ②

② 위기개입모델은 초점화된 단기개입으로 클라이언트의 증상의 완화에 일차적인 목표를 둔다.

18 ①

① 사회복지사는 사회적·경제적 약자들의 편에 서서 사회정의와 평등·자유와 민주주의 가치를 실현하는 데 앞장선다.
② 사회복지사 윤리강령 전문에 포함된 내용이다.
③ 사회복지사의 기본적 윤리기준 중 전문가로서의 자세에 해당하는 내용이다.
④ 사회복지사의 기관에 대한 윤리기준에 포함된 내용이다.

19 ②

① 공공부조는 근로동기를 저해하는 단점이 있다.

③ 수급자가 낙인감을 크게 느낀다.

④ 공공부조를 위한 자산조사에 비용이 많이 든다.

※ 사회보험과 공공부조의 비교

구분	사회보험	공공부조
대상자	전국민	빈민층
자산조사	불필요	필요
욕구의 종류	예상되는 욕구	드러난 욕구
낙인감	없음	있음
재정 예측성	비교적 쉬움	예측이 어려움
재정충당 방식	보험료	일반조세

20 ①

ⓒ 열등감은 아들러의 개인심리이론의 주요 개념이고, 조작적 조건화는 스키너의 행동주의이론의 주요 개념이다.

ⓔ 성격의 지형학적 구조를 의식, 전의식, 무의식으로 나눈 것은 프로이트이다.

2017. 12. 16.
지방직 추가선발 시행

---

1 ①

① 클라이언트의 문제를 사정하고 해결하기 위해 과거를 중요하게 보는 것은 프로이트의 정신분석이론과 관련된 설명이다. 강점 관점(strength perspective)은 클라이언트의 강점을 중심으로 해결 중심 접근을 중요하게 본다.

2 ④

④ 구빈 수급자의 구제수준은 최하층 노동자의 생활수준보다 높지 않아야 한다는 열등처우의 원칙은 1834년 개정된 신빈민법에서 규정되었다.

※ 신빈민법의 구빈행정체제 원칙

ⓒ 전국 균일처우의 원칙

ⓒ 열등처우의 원칙

ⓒ 작업장 활용의 원칙

3 ③

③ 빈곤가정에 우애방문자를 파견함으로써 문제를 해결하고자 하였던 것은 자선조직협회이다.

4 ①

로스만(Rothman)이 제시한 지역사회복지 실천모델은 지역사회개발모델, 사회계획(및 정책)모델, 사회행동모델이다.

① 지역사회보호모델은 포플(Popple)이 제시한 지역사회복지 실천모델이다.

※ 포플(Popple)의 지역사회복지 실천모델

ⓒ 지역사회보호

ⓒ 지역사회조직

ⓒ 지역사회개발

ⓔ 사회·지역계획

ⓜ 지역사회교육

ⓗ 지역사회행동

ⓢ 여권주의적 지역사회사업

ⓞ 인종차별철폐 지역사회사업

5 ②

② 변화노력을 달성하기 위해 상호작용하는 모든 체계들을 의미하는 것은 행동체계이다. 클라이언트체계는 클라이언트와 그 문제 해결에 잠재적 영향을 주는 환경에 있는 사람들을 의미한다.

6 ②

사회복지사 A는 동료사회복지사인 C와의 전문적 동료관계에 대한 윤리적 고민을 겪을 수 있다.

※ 사회복지실천의 전문적 윤리

ⓒ 클라이언트의 자기결정권

ⓒ 비밀보장

ⓒ 제한된 자원의 공정한 분배

ⓔ 진실성 고수와 알 권리

ⓜ 상충되는 의무와 기대

ⓗ 전문적 관계 유지

ⓢ 클라이언트의 이익과 사회복지사의 이익

ⓞ 전문적 동료관계

ⓩ 규칙과 정책 준수

7 ②

로웬버그 & 돌고프의 윤리원칙 우선순위
• 1순위 : 생명보호의 원칙
• 2순위 : 평등과 불평등의 원칙
• 3순위 : 자율성과 자유의 원칙
• 4순위 : 최소 해악의 원칙
• 5순위 : 삶의 질의 원칙
• 6순위 : 사생활과 비밀보장의 원칙
• 7순위 : 진실성과 완전공개의 원칙

8 ④

노인복지시설의 종류〈노인복지법 제31조〉
㉠ 노인주거복지시설
㉡ 노인의료복지시설
㉢ 노인여가복지시설
㉣ 재가노인복지시설
㉤ 노인보호전문기관
㉥ 노인일자리지원기관
㉦ 학대피해노인 전용쉼터

9 ③

에릭슨의 심리사회적 발달 단계
㉠ 유아기 : 신뢰감 대 불신감
㉡ 초기아동기 : 자율성 대 수치 및 의심
㉢ 학령전기 : 주도성 대 죄책감
㉣ 학령기 : 근면성 대 열등감
㉤ 청소년기 : 자아정체감 대 역할혼미
㉥ 성인초기 : 친밀감 대 고립감
㉦ 성인기 : 생산성 대 침체
㉧ 노년기 : 자아통합 대 절망

10 ①

대표적인 4대 공적연금 중 가장 먼저 시행된 것은 1960년에 제정·시행된 공무원연금이다. 군인연금은 1963년에 제정·시행되었다.

11 ③

③ 자유연상은 프로이트의 정신분석이론과 관련 있다.

12 ④

④ 정상화는 일상적이고 정상적인 생활방식과 리듬을 강조하면서 장애인이 정상적인 발달경험을 할 수 있도록 탈시설 보호 또는 지역사회보호를 추구한다.

13 ②

② 보충성 원칙에 입각하고 있는 것은 보충적 사회복지이다. 제도적 사회복지는 빈곤 등 사회문제가 사회적으로 구조화 되어 있어서 제도적으로 국민전체에 대한 복지를 이루어야 한다는 관점이다.

14 ④

④ 부양의무자의 부양과 다른 법령에 따른 보호는 이 법에 따른 급여에 우선하여 행하여지는 것으로 한다. 다만, 다른 법령에 따른 보호의 수준이 이 법에서 정하는 수준에 이르지 아니하는 경우에는 나머지 부분에 관하여 이 법에 따른 급여를 받을 권리를 잃지 아니한다〈국민기초생활 보장법 제3조(급여의 기본원칙) 제2항〉.
① 국민기초생활 보장법 제1조(목적)
② 국민기초생활 보장법 제8조(생계급여의 내용 등) 제3항
③ 국민기초생활 보장법 제9조(생계급여의 방법) 제5항

15 ③

③ 급여는 현금, 현물, 바우처, 기회 등의 형태가 있다. 재정은 재정마련의 방법에 관한 것으로 공공, 민간, 혼합 형태가 있다.

16 ④

내적 타당도를 저해하는 요인으로는 통계적 회귀, 도구 효과, 외부 사건, 성장 요인, 검사 요인, 상실 요인 등이 있다.
④ 무작위 오류는 측정 과정에서 조사 체계와 관계없이 발생하는 오류이다.

17 ④

① 합리모형은 정책결정자가 높은 합리성을 가지고 주어진 상황에서 최선의 정책 대안을 찾아낼 수 있다고 본다.
② 최적모형은 합리적 요소와 함께 직관, 판단, 통찰력과 같은 초합리적 요소를 바탕으로 정책결정을 한다고 본다.
③ 점증모형은 과거의 정책결정을 기초로 하여 약간의 변화를 추구하면서 새로운 정책대안을 검토하고 점증적으로 수정하는 과정을 거친다고 본다.

18 ③

로마니쉰(Romanyshyn)이 제시한 사회변화에 따른 사회복지개념 변화

㉠ 보완적인 것→ 제도적인 것
㉡ 자선을 베푼다는 입장→ 시민의 당연한 권리
㉢ 특수한 봉사 활동→ 보편적인 활동
㉣ 최저 조건의 조성→ 최적(最適) 조건의 조성
㉤ 개인적 차원→ 사회적 차원
㉥ 자발적인 것→ 공공적인 것
㉦ 빈민구제→ 복지사회의 건설

19 ④

"사회보장"이란 출산, 양육, 실업, 노령, 장애, 질병, 빈곤 및 사망 등의 사회적 위험으로부터 모든 국민을 보호하고 국민 삶의 질을 향상시키는 데 필요한 소득·서비스를 보장하는 사회보험, 공공부조, 사회서비스를 말한다〈사회보장기본법 제3조 제1호〉.

20 ③

③ 집단문화는 집단 구성원 사이에 존재하는 공통적인 가치나 신념, 전통 등을 의미한다.

2018. 4. 7.
인사혁신처 시행

---

1 ③

자조집단(self-help group) … 공통된 문제에 대해 이야기하고 격려하며 서로 도움을 주고받는 집단이다. 문제를 가진 당사자나 가족들이 자발적으로 참여하며 문제에 대한 공유를 통해 치유와 같은 공통된 목표를 추구한다.

2 ①

사회복지시설은 이용 방법에 따라 생활시설과 이용시설로 구분한다.
① 이용시설 ②③④ 생활시설

3 ④

④ 사회복지급여 수급권은 법률에 의해 인정된다.

4 ①

㉠ 현금급여 – D. 「국민연금법」의 노령연금
㉡ 현물급여 – C. 「노인장기요양보험법」의 방문목욕
㉢ 증서 – B. 보건복지부의 사회서비스 전자바우처
㉣ 기회 – A. 「장애인고용촉진 및 직업재활법」의 장애인의 무고용

5 ③

③ 부과방식은 당해 연도에 필요한 급여재원을 그 해의 연금 가입자에게 부과하는 세금이나 기여금 등으로 조달해서 지급하는 방식이다. 즉, 현 세대 노령층의 급여비용을 현 세대 근로계층이 부담하는 방식으로 적립방식보다 세대 간 재분배 효과가 더 뚜렷하게 나타난다.

6 ②

사회복지실천모델의 기본 가정과 주요 개입 기술

사회복지실천모델	기본 가정	주요 개입 기술
심리사회모델	인간의 현재 행동을 이해하기 위해서는 과거 경험에 대한 탐색이 중요하다.	발달적 고찰
해결중심모델	인간은 누구나 문제해결능력을 가지고 있으며, 변화는 불가피하다.	예외 질문, 관계성 질문
인지행동모델	인간은 개인적·환경적·인지적 영향력 사이에서 끊임없이 상호작용하면서 행동하는 존재다.	인지 재구조화
위기개입모델	인간은 감당하기 어려운 상황에 직면하게 되면 균형상태가 깨져 혼란 상태에 놓인다.	–

7 ③

임계경로란, 여러 단계의 과정을 거치는 작업에서 그것을 완성하려면 여러 과정의 경로가 동시에 수행되어야 한다고 할 때, 그중 가장 긴 경로를 말한다. 따라서 보기 중 가장 긴 기대시간인 7주가 필요한 A→C→G가 임계경로이다.

8 ①

테일러-구비는 신사회위험을 '후기산업사회로의 이행과 연관된 경제, 사회변동과 연관된 결과로서 사람들의 생애기간에 직면하는 위험들'로 규정하면서 신사회위험의 발생 경로를 네 측면에서 고찰하였다.

㉠ 맞벌이 부부의 증가와 여성교육의 향상으로 여성들의 노동시장 참여가 급증하면서 일과 가정을 양립하기 어려운 저숙련 여성층에서 신사회위험이 나타난다.

㉡ 노인인구의 증가로 노인케어의 부담이 급증하고 있다. 노인케어는 상당부분 여성에게 주어져 있고 여성이 케어와 직장을 병행하기 어려워 노동시장에서 철수하면 홑벌이 부부가 되기 때문에 빈곤의 가능성이 높아진다.

㉢ 무숙련 생산직의 비중을 줄여온 생산기술의 변동, 그리고 저임금의 비교우위를 이용한 국가간 경쟁의 격화로 발생하는 노동시장구조의 변화는 교육수준이 낮은 사람들이 사회적으로 배제되는 위험을 발생시킨다. 즉, 교육수준이 낮을수록 실업에 빠질 확률과 장기빈곤에 빠질 위험성이 높아진다.

㉣ 일부국가에서 민영화된 공적연금, 의료보험 등에서 소비자가 선택을 잘못할 경우 혹은 민영보험에 대한 규제가 잘 이루어지지 않을 경우 새로운 위험이 발생할 수 있다.

9 ③

① 리더십 특성이론은 리더가 가진 특성이나 자질을 강조하였으나, 각 리더마다 독특한 리더십 특성을 갖고 있어 리더와 추종자, 유능한 리더와 무능한 리더를 항상 차별화시킬 수 있는 특성 집합을 제시하지는 못했다는 비판을 받는다.

② 허시와 블랜차드의 상황이론에서는 리더십 유형의 유효성을 높일 수 있는 상황조절변수로 부하의 성숙도를 들고 있다.

④ 블레이크와 머튼이 제시하는 관리격자이론에서는 팀중심형(단합형) 리더십을 가장 이상적인 리더십으로 간주한다.

10 ②

ⓐ **반동형성** : 무의식 속에서 용납할 수 없는 충동을 반대의 감정으로 대치시켜 표현하는 것

ⓑ **퇴행** : 심한 좌절 또는 스트레스를 받았을 때 유치한 수준(주로 고착 시기)으로 후퇴하는 현상

ⓒ **취소** : 자신의 욕구와 행동으로 인하여 타인에게 피해를 주었다고 느낄 때, 원상복구하려는 일종의 속죄 행위

ⓓ **전환** : 심리적 갈등이 신체 감각이나 수의근육계의 증상으로 표출되는 것

ⓔ **합리화** : 인식하지 못하고 있는 어떤 동기에서 나온 행동을 나름의 이론체계에 맞춰 이유를 들어 설명하는 것

ⓕ **투사** : 소망이나 충동을 타인이나 또는 그 문제에 관련된 외부세계에 있는 어떤 대상에게 책임을 전가하는 것

ⓖ **투입** : 애증과 같은 강한 감정을 직접적으로 표현하는 것을 피하기 위해 다른 사람을 자기로 간주하여 합일화하는 것

ⓗ **억압** : 가장 많이 사용되는 방어기제로서, 의식에서 용납하기 힘든 생각, 욕망, 충동들을 무의식 속으로 눌러 넣어 버리는 것

11 ④

④ 이혼 및 재혼 가족, 한부모가족, 비혈연가족, 1인 가족 등 새로운 가족유형이 나타나면서 가족생활주기별 구분이 점차 모호해지고 있다.

12 ④

제시된 내용은 델파이기법에 대한 설명이다.

① **의사결정나무분석기법** : 의사결정 규칙(Decision Tree)을 도표화하여 관심대상이 되는 집단을 몇 개의 소집단으로 분류하거나 예측을 수행하는 계량적 분석방법

② **브레인스토밍** : 창의적이고 비구조화된 방법으로 다양한 아이디어를 생성하는 사고 기법

③ **명목집단기법** : 개별 아이디어를 서면으로 제출한 후, 제한적 토의를 거쳐 투표로 의사를 결정하는 기법

13 ①

① 시민권은 공민권(18세기), 참정권(19세기), 사회권(20세기 중반)의 순서로 발달하였다.

14 ④

④ 클라이언트를 대상으로 연구하는 사회복지사는 클라이언트로부터 고지된 동의를 얻어야 한다.

15 ④

④ 지니계수는 소득분배의 불평등도를 나타내는 수치로, 0에 가까울수록 소득분포가 평등하다고 보며 1에 가까울수록 불평등하다고 본다. 한 사회의 모든 구성원의 소득이 같다면 지니계수는 0이 된다.

16 ②

컴튼과 갤러웨이의 6체계이론

㉠ 변화매개체계 : 사회복지사와 그를 고용한 기관 및 조직

㉡ 클라이언트체계 : 서비스나 도움이 필요한 사람

㉢ 표적체계 : 변화매개체계가 목표를 성취하기 위하여 영향을 주거나 변화시킬 필요가 있는 사람

㉣ 행동체계 : 사회복지사가 변화 노력에서 과업을 완수하고 목표을 달성하기 위해 상호작용하는 사람들

㉤ 전문체계 : 전문가단체, 전문가를 육성하는 교육체계, 전문적 실천의 가치와 사회적 인가 등

㉥ 의뢰–응답체계 : 서비스를 요청한 사람

17 ①

퇴근 후 거주지 부근 정형외과를 다니며 치료 → 국민건강보험에 의한 요양급여

18 ②

② 단일사례조사 결과 분석 방법 가운데 경향선 접근은 기초선이 불안정하여 단순 평균 비교가 곤란할 때 사용한다.

19 ④

① 과학적 관리론은 조직의 갈등과 불화 등을 무시한다. 조직의 목표가 분명하고 표준화된 작업방법의 개발과 훈련을 중요시한다.

② 사회복지서비스의 질은 객관성 있게 측정할 수 없기 때문에 총체적품질관리를 적용하기에 적합하지 않다.

③ 제도이론은 개방체계적 관점에서 조직 자체의 규범이나 규칙 등과 같은 제도에 의해 조직 성격이 규정되고 조직 생존이 결정된다고 주장한다.

20 ③

㉢ 「청소년복지지원법」 2004. 2. 9 제정

㉡ 「장애인차별금지 및 권리구제 등에 관한 법률」 2007. 4. 10 제정

㉣ 「학교 밖 청소년 지원에 관한 법률」 2014. 5. 28 제정

㉠ 「사회보장급여의 이용·제공 및 수급권자 발굴에 관한 법률」 2014. 12. 30 제정

**2018. 5. 19.
사회복지직 시행**

---

1 ④

사회복지관의 사업〈사회복지사업법 시행규칙 별표 3〉

기능	사업분야
사례관리기능	사례발굴, 사례개입, 서비스연계
서비스제공기능	가족기능강화, 지역사회보호, 교육문화, 자활지원 등 기타
지역조직화기능	복지네트워크 구축, 주민조직화, 자원 개발 및 관리

2 ③

① 양적 연구에 대한 설명이다.

②④ 실증주의에 대한 설명이다.

3 ③

① 수급권자와 그 친족, 그 밖의 관계인은 관할 시장·군수·구청장에게 수급권자에 대한 급여를 신청할 수 있다〈국민기초생활 보장법 제21조(급여의 신청) 제1항〉.

② 가입기간이 10년 이상인 가입자 또는 가입자였던 자에 대하여는 60세(특수직종근로자는 55세)가 된 때부터 그가 생존하는 동안 노령연금을 지급한다〈국민연금법 제61조(노령연금 수급권자) 제1항〉.

④ 고용보험법에 따르면 실업의 사유 등에 따라 실업급여를 받지 못할 수 있다.

4 ④

㉮ 생태도, ㉯ 가계도

※ 사정 도구

㉠ 가계도 : 혈연 또는 결혼관계를 나타낸 그림으로, 주로 의학이나 생물학에서 환자와 환자 가족 간의 관계를 나타내기 위해 사용한다.

㉡ 생태도 : 가족 및 가족구성원과 환경간의 상호작용을 그림으로 나타낸 것이다.

㉢ 소시오그램 : 사회 집단에서 개인 사이의 관계를 나타낸 도표로, 집단의 구성원이 서로 가지고 있는 감정이나 태도를 바탕으로 하여 구성원 상호 간의 선택, 거부, 무관심 따위의 관계를 나타낸다.

5 ②

제시된 사례관리실천에서 사용된 사례관리자의 관점은 강점 관점이다. 강점 관점이란 클라이언트의 다양성을 인정하고 존중하면서 클라이언트의 결점보다는 강점에 초점을 두고 가능한 모든 자원을 활용하여 클라이언트의 역량을 실현해 나가도록 돕는 것이다.

6 ②

㉠ 자선조직협회는 개인변화를 주창하여 개별사회사업에 영향을 미쳤다.

㉡ 자선조직협회는 단순한 구호 활동을 넘어 합리적이고 효율적인 자선, 즉 과학적 자선을 지향하였다.

㉣ 자선조직협회는 방문조사, 환경조사 등을 실시하여 사회조사 기술의 발전을 도모하였다.

7 ①

① 귀속적 욕구는 기존의 제도에 의해서는 충족되지 않는 욕구를 가진 집단 모두를 대상자로 선정하는 규범적 판단에 의한 범주적 할당 원칙으로 국민건강보험제도, 기초노령연금, 아동수당 등이 그 사례이다.

8 ②

② 사회행동모델에 대한 설명이다. 사회계획모델은 사회문제를 해결하고자 하는 계획적 과정을 강조하며, 지역사회가 해결하고자 하는 문제에 대한 전문지식을 가지고 합리적이고 과학적인 대안을 제시하고 실행한다.

9 ②

㉠ 지지적 서비스는 기본적으로 가족관계를 유지하면서 부모와 아동이 각자의 역할을 효율적으로 수행할 수 있도록 지지하여 가족 기능을 강화하도록 하는 서비스이다. 가정을 이탈한 아동이 다른 체계에 의해 보호를 받는 것은 대리적 서비스이다.

㉢ 가장 예방적인 접근으로 재가서비스 형태로 이루어지는 것은 지지적 서비스이다. 대리적 서비스는 대리가정이나 수용시설에서 부모의 양육을 대행하는 서비스로 가장 사후적인 접근이다.

10 ③

③ 자유주의 복지체제에 대한 설명으로 볼 수 있다. 자유주의 복지체제에서는 선별주의와 자조의 원칙에 따라 탈상품화 효과가 작다. 사회민주주의 복지체계에서는 보편주의와 평등의 원칙에 따라 탈상품화 효과가 크다.

11 ①

㉢㉣㉤은 보편적 사회복지의 특징이다.

12 ①

② 우리나라의 노후 소득보장정책은 기초연금제도, 국민연금제도, 국민기초생활보장제도, 국민연금 등으로 다원화되어 있다.

③ 국내에 거주하는 국민으로서 18세 이상 60세 미만인 자는 국민연금 가입 대상이 된다. 다만, 「공무원연금법」, 「군인연금법」, 「사립학교교직원 연금법」 및 「별정우체국법」을 적용받는 공무원, 군인, 교직원 및 별정우체국 직원, 그 밖에 대통령령으로 정하는 자는 제외한다〈국민연금법 제6조(가입 대상)〉.

④ 경로연금제도는 폐지되었고, 2018년 현재 기초연금제도를 운영하고 있다.

13 ③

주요 면접기법

㉠ **명료화** : 클라이언트가 진술한 내용의 실체를 요약해 주는 기법

㉡ **직면화** : 클라이언트가 가지고 있는 그릇된 감정이 기만적인 형태임을 인정하게 하는 것

㉢ **해석** : 산재해 있는 행동과 사고, 감정 등의 유형을 클라이언트에게 설명하는 것

㉣ **재보증** : 사회복지사가 신뢰를 표현함으로써 클라이언트의 자신감을 향상시키는 기법

㉤ **재명명** : 클라이언트가 부정적인 의미를 부여하는 것에 대해 새롭게 수정하여 긍정적인 의미로 변화시키는 기법

㉥ **공감** : 클라이언트의 입장에 감정을 이입하여 이해하고 이를 표현하는 능력

14 ③

③ 사회복지시설정보시스템은 사회복지시설 업무의 표준화 및 투명화와 사회복지업무의 전자화를 위한 사회복지시설 통합업무관리시스템이다. 사회복지시설정보시스템을 통해 국민, 업무종사자(민간), 공무원, 연계기관 등이 정보를 공유한다.

※ 사회복지시설정보시스템

  ㉠ 사회복지시설 업무의 표준화

- 아동시설, 노인시설, 장애인시설, 부랑인시설, 정신요양시설, 모·부자 시설의 내부 관리업무 분석 및 단일 표준화
- 시설의 종별에 관계없이 모든 생활시설 및 이용시설에서 공통으로 사용가능

  ㉡ 업무처리 간소화와 효율화

- 한 시설 내 수기문서 관리 및 복잡한 업무처리를 간소화함
- 시스템 내 모든 업무가 연결성을 갖고 처리되어 업무의 중복을 방지함
- 과거의 자료 조회의 간편성 제공, 필요한 통계자료 산출의 자동 수행함

  ㉢ 외부 제출자료 작성의 편의성

- 외부 제출자료 작성의 편의성 증진
- 기본적이고 다양한 감사자료 제공
- 사용자의 목적에 맞게 다양한 별지서식(세입세출명세·현금 및 예금명세서 등) 제공

  ㉣ 웹기반 시스템

- 처음 시스템 도입시 별도의 시스템 설치가 필요 없으며, 인터넷에 접속하여 시설 코드(발급에 2~3일 소요), 아이디, 비밀번호를 입력하여 사용함
- 100% 인터넷 기반으로서, 시설의 필요에 따라 사용자 아이디가 제한 없이 발급되며, 아이디별 권한이 시설에서 원하는 대로 엄격히 제한될 수 있음
- 출장지나 퇴근 후에도 시스템에 접근하여 사용 가능함
- 국가IDC의 철저한 보안체계 속에 2~3중의 백업시스템이 24시간 가동

15 ①

노인복지시설의 종류〈노인복지법 제31조 등 참조〉

  ㉠ 노인주거복지시설 : 양로시설, 노인공동생활가정, 노인복지주택

  ㉡ 노인의료복지시설 : 노인요양시설, 노인요양공동생활가정

  ㉢ 노인여가복지시설 : 노인복지관, 경로당, 노인교실

  ㉣ 재가노인복지시설 : 방문요양서비스, 주·야간보호서비스, 단기보호서비스, 방문목욕서비스

  ㉤ 노인보호전문기관

  ㉥ 노인일자리지원기관

  ㉦ 학대피해노인 전용쉼터

16 ④

④ 자기결정은 사회복지사는 실천과정에 클라이언트가 함께 참여하도록 하고, 모든 사항을 직접 결정할 수 있도록 원조해야 한다는 원칙이다. 단, 클라이언트의 정신적 능력에 한계가 있거나, 클라이언트가 원하는 것이 법률 또는 도덕에 위배되는 경우 등에는 자기결정이 제한될 수 있다.

17 ④

학교-지역사회-학생관계모델 … 학생들이 경험하는 문제를 사회적 상황의 특징으로 바라보는 관점으로 특정 학생집단과 그들이 속한 상황에 관심을 가진다. 기본적인 목표는 학생, 학교와 지역사회 간의 상호작용에 변화를 꾀함으로써 학교의 바람직하지 못한 제도적 관습 과정 정책을 수정하는 데 있다.

18 ①

  ㉢ 혼합모형에 대한 설명이다.

  ㉣ 최적모형에 대한 설명이다.

19 ②

임계경로란, 여러 단계의 과정을 거치는 작업에서 그것을 완성하려면 여러 과정의 경로가 동시에 수행되어야 한다고 할 때, 그중 가장 긴 경로를 말한다. 따라서 보기 중 가장 긴 소요 기간이 걸리는 ②가 임계경로이다.

선행 작업(A) → 작업(B) : 소요 기간 6일

선행 작업(B, C) → 작업(D) : 소요 시간 2일

선행 작업(D) → 작업(E) : 소요 기간 4일

선행 작업(E) → 작업(H) : 소요 기간 4일

선행 작업(G, H) → 작업(K) : 소요 기간 2일

선행 작업(I, K) → 작업(L) : 소요 기간 2일

선행 작업(J, L) → 작업(M) : 소요 기간 3일

20 ②

㉠ 단편성, ㉡ 비접근성, ㉢ 무책임성

사회복지전달체계의 문제로 단편성, 비연속성, 무책임성, 몰접근성(inaccessibility) 등을 들 수 있다. 효율적인 서비스 전달체계가 되기 위해서는 서비스 전달자와 수혜자들 사이가 접근 가능해야 하고(접근가능성), 서비스가 통합되어 있어야 하며(통합성, 포괄성), 책임성이 있어야 하고(책임성), 서비스 전달체계 간에 의사소통이 원활해야 하며(지속성, 계속성) 원칙이 지켜져야 한다.

2018. 6. 23.
제2회 서울특별시 시행

---

1 ③

품목예산은 지출의 대상인 급여·시설비·방위비 등의 각 품목을 표시하여 편성하는 예산제도를 말한다.

㉠ 통제보다는 기획에 초점을 두는 것은 기획예산이다.

㉣ 구체적인 품목은 지출 용도에 따라 구분된다.

2 ③

〈보기〉는 「사회보장기본법」 제3조(정의) 제5호에서 규정하고 있는 '평생사회안전망'에 대한 정의이다.

※ 「사회보장기본법」 제3조(정의)

㉠ **사회보장**: 출산, 양육, 실업, 노령, 장애, 질병, 빈곤 및 사망 등의 사회적 위험으로부터 모든 국민을 보호하고 국민 삶의 질을 향상시키는 데 필요한 소득·서비스를 보장하는 사회보험, 공공부조, 사회서비스

㉡ **사회보험**: 국민에게 발생하는 사회적 위험을 보험의 방식으로 대처함으로써 국민의 건강과 소득을 보장하는 제도

㉢ **공공부조**: 국가와 지방자치단체의 책임 하에 생활 유지 능력이 없거나 생활이 어려운 국민의 최저생활을 보장하고 자립을 지원하는 제도

㉣ **사회서비스**: 국가·지방자치단체 및 민간부문의 도움이 필요한 모든 국민에게 복지, 보건의료, 교육, 고용, 주거, 문화, 환경 등의 분야에서 인간다운 생활을 보장하고 상담, 재활, 돌봄, 정보의 제공, 관련 시설의 이용, 역량 개발, 사회참여 지원 등을 통하여 국민의 삶의 질이 향상되도록 지원하는 제도

㉤ **평생사회안전망**: 생애주기에 걸쳐 보편적으로 충족되어야 하는 기본욕구와 특정한 사회위험에 의하여 발생하는 특수욕구를 동시에 고려하여 소득·서비스를 보장하는 맞춤형 사회보장제도

3 ③

①③ 등급판정기준 등〈노인장기요양보험법 시행령 제7조〉

• 장기요양 1등급: 심신의 기능상태 장애로 일상생활에서 전적으로 다른 사람의 도움이 필요한 자로서 장기요양인정 점수가 95점 이상인 자

• 장기요양 2등급: 심신의 기능상태 장애로 일상생활에서 상당 부분 다른 사람의 도움이 필요한 자로서 장기요양인정 점수가 75점 이상 95점 미만인 자

• 장기요양 3등급: 심신의 기능상태 장애로 일상생활에서 부분적으로 다른 사람의 도움이 필요한 자로서 장기요양인정 점수가 60점 이상 75점 미만인 자

• 장기요양 4등급: 심신의 기능상태 장애로 일상생활에서 일정부분 다른 사람의 도움이 필요한 자로서 장기요양인정 점수가 51점 이상 60점 미만인 자

• 장기요양 5등급: 치매(노인성 질병에 해당하는 치매로 한정)환자로서 장기요양인정 점수가 45점 이상 51점 미만인 자

• 장기요양 인지지원등급: 치매(노인성 질병에 해당하는 치매로 한정)환자로서 장기요양인정 점수가 45점 미만인 자

② 장기요양보험료는 「국민건강보험법」에 따른 보험료(건강보험료)와 통합하여 징수한다. 이 경우 공단은 장기요양보험료와 건강보험료를 구분하여 고지하여야 한다〈노인장기요양보험법 제8조 제2항〉.

④ 국가는 매년 예산의 범위 안에서 당해 연도 장기요양보험료 예상수입액의 100분의 20에 상당하는 금액을 공단에 지원한다〈노인장기요양보험법 제58조 제1항〉.

4 ②

② 급여수준은 소득인정액 등을 고려하여 차등지급할 수 있다.

5 ③

㉠ 모든 국민은 인간다운 생활을 할 권리를 가진다〈헌법 제34조 제1항〉.

㉡ 국가는 사회보장·사회복지의 증진에 노력할 의무를 진다〈헌법 제34조 제2항〉.

㉢ 신체장애자 및 질병·노령 기타의 사유로 생활능력이 없는 국민은 법률이 정하는 바에 의하여 국가의 보호를 받는다〈헌법 제34조 제5항〉.

ⓔ 사회보장이란 출산, 양육, 실업, 노령, 장애, 질병, 빈곤 및 사망 등의 사회적 위험으로부터 모든 국민을 보호하고 국민 삶의 질을 향상시키는 데 필요한 소득·서비스를 보장하는 사회보험, 공공부조, 사회서비스를 말한다〈사회보장기본법 제3조 제1호〉.

6 ③

로웬버그 & 돌고프의 윤리원칙

ⓐ 윤리원칙1 : 생명보호의 원칙
ⓑ 윤리원칙2 : 평등과 불평등의 원칙
ⓒ 윤리원칙3 : 자율성과 자유의 원칙
ⓓ 윤리원칙4 : 최소 해악의 원칙
ⓔ 윤리원칙5 : 삶의 질의 원칙
ⓕ 윤리원칙6 : 사생활과 비밀보장의 원칙
ⓖ 윤리원칙7 : 진실성과 완전공개의 원칙(성실의 원칙)

7 ②

슈퍼비전(supervision) … 구체적인 케이스에 관해 사회복지사가 원조내용을 보고하면 슈퍼바이저는 설명된 자료를 토대로 클라이언트의 상황을 이해하고 면접 등 원조방법에 관해 조언을 해주는 방식의 교육훈련이다.

8 ②

제시된 내용은 관찰 조사법에 대한 설명이다. 관찰 조사법은 관찰대상에 의도적인 조작을 하지 않고 단지 행동 관찰을 통해 자료를 수집하는 방법이다.

9 ①

사회보장정보시스템(행복e음) … 각종 사회복지 급여 및 서비스 지원 대상자의 자격과 이력에 관한 정보를 통합 관리하고, 지자체의 복지업무 처리를 지원하기 위해 기존 시·군·구별 새올행정시스템의 업무 지원시스템 중 복지분야를 분리하여 개인별, 가구별 DB를 통합 구축한 정보시스템
① 보건복지상담센터의 희망의 전화 129에 대한 설명이다.

10 ③

③ 사회복지의 잔여적 개념에 대한 설명이다.
※ 잔여적 개념과 제도적 개념

구분	잔여적 개념	제도적 개념
급여 수준	미흡	적정
급여 범위	제한적	포괄적
수혜 범위	소수	대다수
프로그램 성격	선별적 (요보호자 대상)	보편적 (전 국민 대상)
재원 조달 방식	기여금/요금	조세
민간 조직의 역할	크다	작다
국가개입 수준	최소주의	개입주의

11 ①

① 구빈 수급자의 구제수준은 최하층 노동자의 생활수준보다 높지 않아야 한다는 열등처우의 원칙은 1834년 개정된 신빈민법에서 규정되었다.
※ 신빈민법의 구빈행정체제 원칙
ⓐ 전국 균일처우의 원칙
ⓑ 열등처우의 원칙
ⓒ 작업장 활용의 원칙

12 ④

공공부조의 원리

ⓐ **생존권 보장의 원리** : 국가가 모든 국민의 건강하고 문화적 최저한의 생활을 보호하여야 하며 국민은 생존권을 보호받을 수 있는 권리를 보장받는다.
ⓑ **국가책임의 원리** : 공공부조를 통하여 생활이 어려운 국민의 생존권을 보장하는 것을 국가의 책임으로 규정하는 것으로 필요한 비용도 모두 국가가 부담하여야 한다.
ⓒ **최저생활보장의 원리** : 공공부조의 보호수준은 최저한의 생활 즉, 최저한의 요구가 충족되는 정도여야 한다.
ⓓ **보충성의 원리** : 국가에 의한 최저생활을 보장한다고 하더라도 어디까지나 보충의 차원에서 제공하는 것을 원칙으로 한다.
ⓔ **자립조장의 원리** : 공공부조가 단순한 치료적 성격의 부조가 아니고, 궁극적으로는 보호대상자의 자립을 조성하는 데 목적이 있다.
ⓕ **무차별평등의 원리** : 공공부조를 받을 수 있는 자격은 빈곤하다는 사실만으로 충분한 것이며 보호내용에서 차별을 받지 않는다.

13 ④

사회보장이란 <u>출산, 양육, 실업, 노령, 장애, 질병, 빈곤 및 사망 등의 사회적 위험</u>으로부터 모든 국민을 보호하고 국민 삶의 질을 향상시키는 데 필요한 소득·서비스를 보장하는 사회보험, 공공부조, 사회서비스를 말한다〈사회보장기본법 제3조 제1호〉.

14 ②

㉠ 실험설계는 복잡한 현상을 연구의 관심이 있는 변수만 선정해서 이들과의 관계를 관찰하고 분석하는 방법으로, 실험변인 외의 다른 변인들을 통제할 수 있기 때문에 타당성이 높다. 외적타당도는 연구결과를 다른 상황이나 다른 대상에 적용할 수 있는 정도로, 사전검사와 실험처치의 상호작용, 선택과 실험조치의 상호작용, 특수한 실험실 상황에 대한 반응, 복수실험처치의 간섭작용 등에 의해 저해되기도 한다.

㉡ 유사실험설계는 통제집단을 사용함으로써 내적타당도 저해 요인을 크게 감소시킬 수 있으나 무작위할당이 이루어지지 않으므로 실험집단과 통제집단이 이질적일 가능성이 크다.

15 ④

사회복지서비스 전달체계의 원칙

㉠ **전문성의 원칙** : 사회복지서비스는 자신의 전문적 업무에 대한 권위와 자율적 결정권 및 책임성을 지닌 전문가가 제공해야 함

㉡ **통합성의 원칙** : 클라이언트의 문제는 복합적이고 상호 연관되어 있기 때문에 이러한 문제를 해결하기 위한 사회복지서비스도 통합적으로 제공해야 함

㉢ **포괄성의 원칙** : 사회복지서비스는 수혜자의 다양한 욕구 또는 문제를 동시에 또는 순차적으로 해결하기 위하여 포괄적인 서비스 제공이 필요함

㉣ **적절성의 원칙** : 사회복지서비스는 그 양과 질과 제공하는 기간이 클라이언트의 욕구충족과 서비스 목표 달성을 위해 충분해야 함

㉤ **연속성의 원칙** : 한 개인이 필요로 하는 다양한 서비스를 조직 또는 지역사회 내에서 연속적이고 지속적으로 제공할 수 있어야 함

㉥ **평등성의 원칙** : 선별적 서비스를 제외하고는 모든 국민에게 성별, 연령, 소득, 지역, 종교, 지위 등에 관계없이 사회복지서비스를 제공해야 함

㉦ **책임성의 원칙** : 사회복지조직은 국가가 시민의 권리로 인정한 서비스 전달을 위임 받은 조직이므로 서비스 전달에 대한 책임을 져야 함

㉧ **접근성의 원칙** : 사회복지서비스는 필요로 하는 사람이면 누구나 쉽게 받을 수 있도록 클라이언트가 접근하기에 용이하여야 함

16 ②

② 노인복지관은 사회서비스 제공이 주된 목적인 1차 기관이다.

17 ②

② 사회적 지지체계 개발은 클라이언트의 문제해결에 직접적으로 개입하지 않는 간접적 개입에 해당한다.

18 ④

사회복지실천과정의 순서

접수와 자료수집 → 사정 → 계획 → 개입 → 평가 → 종결

19 ①

제시된 내용은 '도식'에 대한 설명이다.

② **적응** : 자기 주변 환경의 조건들을 조정하는 능력으로 동화와 조절의 평형화 과정에 의해 발달

③ **평형** : 외부 세계에 대한 개인의 이해와 해석이 모순이 없는 상태를 유지하려는 경향성

④ **조직화** : 상이한 도식들을 자연스럽게 결합시키는 과정

20 ②

귤릭과 어위크의 POSDCoRB

㉠ **기획(Planning)** : 조직목표를 달성하기 위한 방법에 대하여 구체적인 윤곽을 수립

㉡ **조직(Organizing)** : 수립한 계획에 따라 업무를 효율적으로 수행할 수 있도록 작업과 권한을 할당하여 공식적인 구조를 설정

㉢ **인사행정(Staffing)** : 신규 직원들을 채용·훈련시키며, 알맞은 근무조건을 유지

㉣ **지휘감독(Directing)** : 부하 직원들로 하여금 업무상의 명령이나 지시에 따르도록 감독

㉤ **통합조정(Coordinating)** : 조직 내의 여러 부서 상호 간에 협력과 원만한 관계를 유지

㉥ **보고(Reporting)** : 상사나 관리자에게 부하직원에 맡긴 업무의 진행과정, 결과 등을 보고

㉦ **예산(Budgeting)** : 조직의 목표나 업무를 수행할 수 있도록 재정 기획이나 회계를 담당

1 ③

③ 규범에 순응하게 만드는 사회통제 기능은 정치제도에 의해 수행된다. 사회통합의 기능은 종교제도가 일차적 기능을 담당한다.

※ 길버트와 스펙트의 지역사회의 기능
- ㉠ **생산, 분배, 소비의 기능** : 일상생활을 하는데 있어서 필요로 하는 서비스 및 재화를 생산하고 분배하며 소비하는 과정과 관련된 기능→경제제도
- ㉡ **사회화의 기능** : 일반적인 지식, 사회적 가치 및 행동유형들을 사회구성원들에게 전달시키는 기능→가족제도
- ㉢ **사회통제의 기능** : 사회구성원들에게 사회적인 규범(법, 도덕, 규칙)에 순응하게 하는 기능→정치제도
- ㉣ **사회통합의 기능** : 사회체계의 정상적 기능을 위한 관계 간 결속력과 사기를 증진하는 기능→종교제도
- ㉤ **상부상조의 기능** : 갑작스러운 질병, 실업, 사고, 사망 등 개인적인 이유와 경제적 제도의 부적절한 운용으로 인하여 위의 기능들의 욕구를 충족할 수 없는 경우 필요한 기능→사회복지제도

2 ④

④ 사회복지실천에 있어 클라이언트의 정보에 대한 비밀보장은 기본적인 원칙이다. 원조를 목적으로 하는 등 일부 상황에서 그 정보가 전문가들 사이에 공유될 수는 있지만, 모든 경우에 해당하는 것은 아니다.

3 ③

관료제모형은 엄격한 권한의 위임과 전문화된 직무의 체계를 가지고 합리적인 규칙에 따라 능률적으로 목표를 실현하는 관리운영체제이다. 집단 또는 조직 내에서의 직무를 합리적·계층적으로 나누어 대규모적인 행정관리 활동을 수행하는 모형으로, 조직 내부와 외부 환경의 상호작용 등을 고려하지 않는 폐쇄적인 특징이 있다.

4 ②

② 신자유주의에 기반한 복지국가는 작은 정부를 지향한다. 따라서 공공부문의 민영화는 옳은 설명이지만, 기업규제는 잘못된 설명이다. 신자유주의에 기반한 복지국가의 경우 탈규제화를 추구하여 정부의 역할을 축소한다.

5 ①

② 중개자, ③ 행동가, ④ 연구자로서의 사회복지사의 역할에 대한 설명이다.

6 ③

① 자영업자 고용보험제도란 자영업자의 생활안정 및 재취업을 지원하는 제도로, 0~49인의 근로자가 있는 자영업자는 본인이 희망하는 경우에 가입이 가능하다.
② 실업급여사업의 보험료는 근로자와 사업주가 절반씩 부담하지만, 고용안정사업 및 직업능력개발사업의 보험료는 사업주가 전액 부담한다.
④ 구직급여는 연령과 가입기간에 따라 90~240일 동안 받을 수 있다.

7 ②

'기본소득'이란 정부나 지방자치단체가 모든 개인에게 조건 없이 정기적으로 지급하는 소득을 의미한다.
② 기본소득 보장을 위한 재원 마련 등 현실 가능성이 떨어지고 기존 복지체제를 위협할 수 있다는 우려가 있다.

8 ④

마셜은 사회복지정책을 '시민에게 서비스를 제공하여 복지를 향상시키기 위한 정부의 정책'이라고 정의하면서 사회보험, 공공부조, 보건서비스, 복지서비스, 주택 정책 등이 포함된다고 하였다.
④ 마셜은 시민권의 변천을 진화론의 입장에서 4가지 유형으로 구분하고 시민권의 요소를 공민적 요소, 정치적 요소, 복지적 요소, 사회적 요소로 보았다.

9 ④

롤스의 정의의 원칙
- ㉠ **정의의 제1원칙** : 기본적 자유 평등의 원칙
- ㉡ **정의의 제2원칙** : 차등 조정의 원칙
  - 공정한 기회균등의 원칙→공정한 기회 강조
  - 차등의 원칙→공정한 결과 강조

10 ①

① 사회복지서비스에 대한 설명이다. "사회복지사업"이란 「국민기초생활 보장법」, 「아동복지법」, 「노인복지법」, 「장애인복지법」, 「한부모가족지원법」, 「영유아보육법」, 「성매매방지 및 피해자보호 등에 관한 법률」, 「정신건강증진 및 정신질환자 복지서비스 지원에 관한 법률」, 「성폭력방지 및 피해자보호 등에 관한 법률」, 「입양특례법」, 「일제하 일본군위안부 피해자에 대한 생활안정지원 및 기념사업 등에 관한 법률」, 「사회복지공동모금회법」, 「장애인·노인·임산부 등의 편의증진 보장에 관한 법률」, 「가정폭력방지 및 피해자보호 등에 관한 법률」, 「농어촌주민의 보건복지증진을 위한 특별법」, 「식품등 기부활성화에 관한 법률」, 「의료급여법」, 「기초연금법」, 「긴급복지지원법」, 「다문화가족지원법」, 「장애인연금법」, 「장애인활동 지원에 관한 법률」, 「노숙인 등의 복지 및 자립지원에 관한 법률」, 「보호관찰 등에 관한 법률」, 「장애아동 복지지원법」, 「발달장애인 권리보장 및 지원에 관한 법률」, 「청소년복지 지원법」 등에 따른 보호·선도 또는 복지에 관한 사업과 사회복지상담, 직업지원, 무료 숙박, 지역사회복지, 의료복지, 재가복지, 사회복지관 운영, 정신질환자 및 한센병력자의 사회복귀에 관한 사업 등 각종 복지사업과 이와 관련된 자원봉사활동 및 복지시설의 운영 또는 지원을 목적으로 하는 사업을 말한다〈「사회복지사업법」 제2조(정의) 제1호〉.

11 ④

① 사회복지통합관리망 행복e음 구축 : 2010년
② 노인장기요양보험제도 실시 : 2008년
③ 지역복지계획수립 의무화 : 2003년(「사회복지사업법」에 신설 이후 「사회보장급여의 이용·제공 및 수급권자 발굴에 관한 법률」 제정으로 지역사회보장계획으로 개정)
④ 사회복지시설 및 기관 평가제도 도입 : 1997년

12 ④

④ 품목예산은 예산을 지출대상별(품목별)로 분류하여 예산을 편성하는 제도로, 기관의 성과나 목표를 제시하지는 않는다.

13 ①

동료의 클라이언트와의 관계
㉠ 사회복지사는 적법하고도 적절한 논의 없이 동료 혹은, 다른 기관의 클라이언트와 전문적 관계를 맺어서는 안 된다.
㉡ 사회복지사는 긴급한 사정으로 인해 동료의 클라이언트를 맡게 된 경우, 자신의 의뢰인처럼 관심을 갖고 서비스를 제공한다.

14 ②

사회보장수급권의 포기〈「사회보장기본법」 제14조〉
㉠ 사회보장수급권은 정당한 권한이 있는 기관에 서면으로 통지하여 포기할 수 있다.
㉡ 사회보장수급권의 포기는 취소할 수 있다.
㉢ ㉠에도 불구하고 사회보장수급권을 포기하는 것이 다른 사람에게 피해를 주거나 사회보장에 관한 관계 법령에 위반되는 경우에는 사회보장수급권을 포기할 수 없다.

15 ③

사례관리의 과정은 접수 → 사정 → 기획 → 개입 → 점검 및 재사정 → 종결 및 평가로 진행된다.

16 ③

생태학적 오류란 생태학적 상관관계를 개인적 상관관계로 평가함으로써 범하게 되는 통계적 오류를 말한다. 제시된 〈보기〉에서는 노령화비율과 특정 정당 지지율의 두 생태학적 상관관계를 개인적 상관관계로 평가하여 잘못된 결론을 내린 예를 들고 있다.

17 ①

② 작업장법에 대한 설명이다.
③ 정주법에 대한 설명이다.
④ 스핀햄랜드법에 대한 설명이다.

18 ①

사회복지관의 사업〈「사회복지사업법 시행규칙」 별표 3〉
㉠ 사례관리 기능 : 사례발굴, 사례개입, 서비스 연계
㉡ 서비스제공 기능 : 가족기능강화, 지역사회보호, 교육문화, 자활지원 등 기타
㉢ 지역조직화 기능 : 복지네트워크 구축, 주민조직화, 자원개발 및 관리

19 ②

길버트와 테렐이 제시한 사회복지정책 분석틀의 네 가지 구성요소
㉠ 사회적 할당의 기반은 무엇인가? → 수급자격(대상체계)
㉡ 사회적 급여의 형태는 무엇인가? → 급여종류(급여체계)
㉢ 사회적 급여를 전달하기 위한 전략은 무엇인가? → 전달방법(전달체계)

ⓔ 사회적 급여에 필요한 재정을 마련하기 위한 방법은 무엇인가?→재정마련 방법(재정체계)

20 ②
- ㉠ **직면** : 클라이언트의 말, 행동, 생각 간에 모순되는 점을 지적하여 줌으로써 클라이언트가 내적인 문제를 발견하고 전환할 수 있도록 돕는 기법으로, 장애가 되는 부분에 대한 인식능력을 향상시키기 위해 사용한다.
- ㉡ **격려** : 클라이언트가 특정 행동이나 경험 혹은 생각에서 벗어나도록 하거나 그런 쪽으로 행동을 취할 수 있도록 도움을 제공하는 것으로, 주로 클라이언트의 행동이나 감정 등을 칭찬하고 인정하는 방식으로 표현된다.

2019. 4. 6.
인사혁신처 시행

---

1 ①
사회복지 분야 자원봉사활동의 위험관리 대상은 다만 자원봉사자와 직원에 한정되는 것이 아니라 자원봉사활동의 대상인 클라이언트와 가족 등 관련 인물과 장비, 시설 등 물적 자원까지 포괄적으로 포함해야 한다.

2 ④
사회복지 실천과정은 '접수→자료수집 및 사정→목표설정 및 계약→개입→평가 및 종결'의 순서로 이루어진다.

3 ①
「정신건강증진 및 정신질환자 복지서비스 지원에 관한 법률」 제17조(정신건강전문요원의 자격 등) 제1항, 제2항
- ㉠ 보건복지부장관은 정신건강 분야에 관한 전문지식과 기술을 갖추고 보건복지부령으로 정하는 수련기관에서 수련을 받은 사람에게 정신건강전문요원의 자격을 줄 수 있다.
- ㉡ ㉠에 따른 정신건강전문요원은 그 전문분야에 따라 정신건강임상심리사, 정신건강간호사 및 정신건강사회복지사로 구분한다.
- ※ 〈2020.4.7 개정, 2022.4.8 시행〉
  - ㉡ ㉠에 따른 정신건강전문요원은 그 전문분야에 따라 정신건강임상심리사, 정신건강간호사, 정신건강사회복지사 및 정신건강작업치료사로 구분한다.

4 ②
② 위험의 발생이 상호 의존적이라면 대규모 위험 발생 시 시장에서 제공하는 서비스 상품들이 재정안정을 이루기 어려우며, 이렇게 재정이 안정되지 않은 시장은 재화를 효율적으로 배분하기 어려워진다.

5 ④
㉠ 프로그램 진행 중에 수행하는 평가는 형성평가이고, ㉡ 프로그램이 종결된 후 수행하는 평가는 총괄평가이다. ㉢과 같이 프로그램 평가에 대해 차후에 종합적으로 재검토 해보는 것이 메타평가이다.

6 ②
② 복지와 재분배적 기능을 강조하며 시장의 영향력을 최소화하려 노력하는 것은 사회민주적 복지국가 유형이다.

7 ③
위기개입모델은 위기에 처한 클라이언트가 예상치 않았던 사건으로 발생한 정서적, 행동적, 인지적 위기상태를 위기 이전에 가깝게 고쳐가도록 돕는다. 제시된 상황은 폭력으로 사상자가 발생한 심각한 상황으로 ③과 같은 클라이언트의 성격 변화보다는 ①②④ 같은 실질적인 도움에 사회복지사의 역할의 초점이 맞춰져야 한다.

8 ①
크리밍에 대한 설명이다. 크리밍은 '기름친다'는 뜻으로, 일정한 개입 프로그램의 도움으로 가장 성공 가능성이 높은 사람들이 사회서비스와 프로그램을 이용하는 것을 말한다.
- ① **아웃리치** : 지역 주민에 대한 기관의 적극적인 봉사 활동
- ③ **후광효과** : 한 대상의 두드러진 특성이 그 대상의 다른 세부 특성을 평가하는 데에도 영향을 미치는 현상

9 ④
급여의 종류〈「국민기초생활보장법」 제7조 제1항〉
- ㉠ 생계급여
- ㉡ 주거급여
- ㉢ 의료급여
- ㉣ 교육급여
- ㉤ 해산급여(解産給與)
- ㉥ 장제급여(葬祭給與)
- ㉦ 자활급여

10 ③

고소공포증 치료를 위해 불안이나 공포를 덜 일으키는 자극부터 점차 더 강한 자극으로 단계별로 옮겨가며 행동을 치료하기 위한 기법으로 인지행동모델 기법의 하나인 체계적 둔감화에 해당한다. 체계적 둔감화는 특정 자극이나 상황에 대하여 비정상적으로 강한 불안이나 공포를 나타내는 클라이언트를 치료하기 위해 사용된다.

11 ②

② 만혼족, 비혼족 등이 늘어가면서 자녀출산 완료 이후 자녀의 결혼이 시작되기 전까지의 확대완료기가 길어지고 있다.

① 부부와 미혼자녀로 구성된 핵가족형태의 가구 비율보다 1인 가구 및 부부로만 구성된 가구의 비율이 꾸준히 증가하고 있다.

③ 조혼인율은 1년간에 발생한 총 혼인건수를 당해 연도의 주민등록 연앙(7월 1일)인구로 나눈 수치를 1,000분비로 나타낸 것으로 인구 1천명당 혼인건수를 말한다. 조혼인율은 지속적으로 내려가고 초혼 연령은 지속적으로 올라가 저출산 문제가 심각해 지고 있다.

④ 가족가치관의 경우 부부간 의사결정방식에 있어 과거 남편주도형이 주를 이뤘던 것과 달리 부부공동형과 아내주도형이 증가하고 있다.

12 ③

③ 측정의 신뢰도를 높이기 위해서는 측정항목(하위변수) 수를 늘리고 항목의 선택범위(값)는 넓히는 것이 좋다.

13 ④

수익자 부담이 저소득층 및 서비스 이용자들의 자기존중감을 높여 긍정적 영향을 줄 수 있지만, 사용자가 서비스 이용에 드는 모든 비용을 부담해야 하기 때문에 저소득층의 경우 비용 부담으로 인한 이용이 억제될 수 있다는 문제점이 있다.

14 ③

자립생활은 장애인이 지역에서 자유롭게 독립적으로 살아가는 것을 말한다. 즉, 탈시설화를 강조한다. 따라서 장애가 중증화되어 간다고 해서 지역이 아닌 거주시설에서 생활해야 한다고 주장하는 것은 장애인의 자립생활과 모순되는 설명이다.

15 ④

모두 옳은 설명이다. 사례관리는 복합적이고 장기적인 욕구를 가진 클라이언트에 대한 종합적이고 지속적인 서비스 제공에 초점을 둔다.

16 ④

'제3의 길'이란 영국의 사회학자 안토니 기든스가 자신의 저서에서 주장한 것으로 신자유주의와 사회민주주의를 모두 반대하고 제3의 길이라는 새로운 사회발전 모델을 주창했다. 제3의 길은 중앙정부의 역할을 축소하고 지방정부 및 민간영리부문, 비공식부문 등 공급주체의 다양화를 추구한다. 즉, 복지다원주의를 추구하며, 국가에 대한 경제적 의존을 줄이고 위험은 공동으로 부담할 수 있다는 장점이 있다.

17 ③

③ 「사회적기업 육성법」 제2조(정의)에 따르면 "사회적 기업"이란 취약계층에게 사회서비스 또는 일자리를 제공하거나 지역사회에 공헌함으로써 지역주민의 삶의 질을 높이는 등의 사회적 목적을 추구하면서 재화 및 서비스의 생산·판매 등 영업활동을 하는 기업으로서 제7조(사회적기업의 인증)에 따라 인증받은 자를 말한다. 따라서 공기업과는 다른 개념이다.

18 ④

㉠ 수용은 클라이언트의 있는 그대로를 받아들이지만, 문제 행동을 옳다고 인정하고 받아들이는 것은 아니다.

㉡ 원조관계에서 알게 된 클라이언트에 대한 정보는 비밀보장을 하는 것이 원칙이지만, 클라이언트에게 도움을 주기 위해 어쩔 수 없는 상황이나 범죄 관련 등 비밀보장을 할 수 없는 경우가 존재하므로 반드시 비밀을 보호해야 한다는 것은 옳지 않다.

19 ③

우울증 청소년, 학대 아동, 시각장애인 등을 대상으로 하는 서비스의 경우 특정 대상에 대한 사후적 서비스이다. ③에서 중학생을 대상으로 하는 인터넷·약물중독 예방 교육의 경우 모든 중학생을 대상으로 서비스가 가능한 사전적 성격의 서비스로 보편적 서비스에 해당한다.

20 ②

현행 노인장기요양보험제도에서 24시간 재가급여를 제공하는 재가노인요양보호는 규정되어 있지 않다. 또한 주간보호센터는 노인에 대한 주간보호를 제공하는 재가급여 기관이다.

2019. 6. 15.
제1회 지방직 시행

---

1 ②

사회복지급여 제공에 국가 개입이 필요한 이유는 사회복지 재화의 공공재적 성격 때문이다. ①③④ 외에 정보의 비대칭성, 위험발생의 상호의존, 규모의 경제 등이 사회복지급여 제공에서 국가 개입이 필요한 이유에 해당한다.

2 ③

③ 보건복지부장관 또는 소관 중앙행정기관의 장은 급여의 종류별 수급자 선정기준 및 최저보장수준을 결정하여야 한다〈「국민기초생활보장법」 제6조(최저보장수준의 결정 등) 제1항〉.

3 ④

사례관리는 복합적이고 장기적인 욕구를 갖고 있는 사람에 대한 지원활동으로, 지역사회의 다양한 서비스 기관들을 연계하여 종합적인 서비스를 제공한다. 즉, 사례관리자는 서비스를 연계하고 점검하는 간접적 실천활동과 함께 교육, 상담 등 직접 실천활동을 수행한다. 또한 사례관리 과정에 새로운 욕구가 발견되면 재사정을 통해 서비스를 계속적으로 지원한다.
④ 사례관리는 탈시설화를 강조한다.

4 ③

③ 노동의 탈상품화는 개인의 복지가 시장에 의존하지 않고도 이루어질 수 있는 상태로, 즉 특정 개인이 시장에 의존하지 않아도 기존의 삶을 유지할 수 있는 상태를 말한다. 노동의 탈상품화 정도가 높을수록 복지수준이 높다는 것을 의미한다.

5 ②

ⓒ 중앙정부가 전달주체가 되면, 지방정부 또는 민간 전달체계가 주체가 될 때보다 서비스의 접근성과 융통성은 떨어진다.

6 ④

에스핑 앤더슨의 복지국가 유형에 따른 특징

구분	자유주의적 복지국가	조합주의적 복지국가	사회민주주의적 복지국가
탈상품화 정도	매우 낮음	높음	매우 높음
계층화 정도	계층 간 대립 심화	계층 간 차이 유지	계층 간 통합 강화
국가의 역할	주변적	보조적	중심적
전형적 국가	미국	프랑스	스웨덴

7 ④

㉠ 「긴급복지지원법」에 따른 지원은 위기상황에 처한 사람에게 일시적으로 신속하게 지원하는 것을 기본원칙으로 한다. 따라서 사전조사가 아닌 사후조사를 시행한다.
※ 「긴급복지지원법」 제13조(사후조사) 제1항 … 시장·군수·구청장은 제8조제3항에 따라 지원을 받았거나 받고 있는 긴급지원대상자에 대하여 소득 또는 재산 등 대통령령으로 정하는 기준에 따라 긴급지원이 적정한지를 조사하여야 한다.

8 ①

에릭슨의 심리사회적 자아발달 8단계에 따른 과업

단계	과업
1단계(0~1세)	신뢰감 대 불신감
2단계(2~3세)	자율성 대 수치감
3단계(4~6세)	주도성 대 죄책감
4단계(7~11세)	근면성 대 열등감
5단계(청소년기)	자아정체성 대 역할 혼돈
6단계(청년기)	친밀성 대 고립감
7단계(중년기)	생산성 대 침체감
8단계(노년기)	자아통합감 대 절망감

9 ③
① 로버트 로직은 미국의 자유주의 사회철학자로 무정부주의적 자유주의에 대해 국가의 역할을 인정하면서도 국가의 권력이 더 이상의 자유를 제약해서는 안 된다는 자유주의 국가론을 주장했다.
② 개인이 국가의 규제로부터 벗어나 자유를 누리는 것이 정의로운 사회라고 주장하는 것은 보수주의자들의 주장이다.
④ 마르크스주의는 자유민주주의를 노동계급을 착취하고 소외시키는 비인간적인 체제로 보았다.

10 ②
사회보장급여의 수준〈「사회보장기본법」 제10조〉
① 국가와 지방자치단체는 모든 국민이 건강하고 문화적인 생활을 유지할 수 있도록 사회보장급여의 수준 향상을 위하여 노력하여야 한다.
② 국가는 관계 법령에서 정하는 바에 따라 최저보장수준과 최저임금을 매년 공표하여야 한다.
③ 국가와 지방자치단체는 제2항에 따른 최저보장수준과 최저임금 등을 고려하여 사회보장급여의 수준을 결정하여야 한다.

11 ④
제시된 상황에서 사례관리자는 관내 자원봉사센터, 관내 보건소와 정신건강증진센터 등 지역사회 내 다양한 관계망을 활용하고, 자원봉사자들을 활용 인정 자원 동원을 통해 지역사회가 협력하는 기회를 제공했다. 즉, 자연연계자 역할을 수행한 것이다. 그러나 ④의 클라이언트의 역량강화를 위한 노력은 나타나지 않았다.

12 ①
ⓒ 사칙연산이 모두 가능하다.
ⓓ 온도, 지능지수(IQ)는 등간측정에 해당한다.

13 ①
희망복지지원단은 자활하고자 하는 가구에게 맞춤형 서비스를 제공하여 안정적인 삶을 지원·지지하고 빈곤을 예방하는 사업이다.
① 지방자치단체의 시·군·구청에 설치되어 있다.

14 ②
노인성 질병의 종류〈「노인장기요양보험법 시행령」 별표 1〉
㉠ 알츠하이머병에서의 치매
㉡ 혈관성 치매
㉢ 달리 분류된 기타 질환에서의 치매
㉣ 상세불명의 치매
㉤ 알츠하이머병
㉥ 지주막하출혈
㉦ 뇌내출혈
㉧ 기타 비외상성 두개내출혈
㉨ 뇌경색증
㉩ 출혈 또는 경색증으로 명시되지 않은 뇌졸중
㉪ 뇌경색증을 유발하지 않은 뇌전동맥의 폐쇄 및 협착
㉫ 뇌경색증을 유발하지 않은 대뇌동맥의 폐쇄 및 협착
㉬ 기타 뇌혈관질환
㉭ 달리 분류된 질환에서의 뇌혈관장애
ⓐ 뇌혈관질환의 후유증
ⓑ 파킨슨병
ⓒ 이차성 파킨슨증
ⓓ 달리 분류된 질환에서의 파킨슨증
ⓔ 기저핵의 기타 퇴행성 질환
ⓕ 중풍후유증
ⓖ 진전(震顫)

15 ④
㉠ 케인즈주의가 쇠퇴한 직후 미국과 영국 모두 신자유주의 이념이 영향력을 발휘하였다.

16 ①
법인은 대표이사를 포함한 이사 7명 이상과 감사 2명 이상을 두어야 한다〈「사회복지사업법」 제18조(임원) 제1항〉.

17 ③

「정신건강증진 및 정신질환자 복지서비스 지원에 관한 법률」 제17조(정신건강전문요원의 자격 등) 제1항, 제2항

- ㉠ 보건복지부장관은 정신건강 분야에 관한 전문지식과 기술을 갖추고 보건복지부령으로 정하는 수련기관에서 수련을 받은 사람에게 정신건강전문요원의 자격을 줄 수 있다.
- ㉡ ㉠에 따른 정신건강전문요원은 그 전문분야에 따라 정신건강임상심리사, 정신건강간호사 및 정신건강사회복지사로 구분한다.
- ※ 〈2020.4.7 개정, 2022.4.8 시행〉
  - ㉡ ㉠에 따른 정신건강전문요원은 그 전문분야에 따라 정신건강임상심리사, 정신건강간호사, 정신건강사회복지사 및 정신건강작업치료사로 구분한다.

18 ②

- ① 「산업재해보상보험법」 제6장 심사청구 및 재심사청구
- ③ 「고용보험법」 제7장 심사 및 재심사청구
- ④ 「국민연금법」 제7장 심사청구와 재심사청구

19 ③

자활사업〈「국민기초생활 보장법 시행령」 제10조 제1항〉
- ㉠ 직업훈련
- ㉡ 취업알선 등의 제공
- ㉢ 자활근로
- ㉣ 「직업안정법」에 따른 직업안정기관의 장이 제시하는 사업장에의 취업
- ㉤ 「고용정책 기본법」에 따른 공공근로사업
- ㉥ 지역자활센터의 사업
- ㉦ 자활기업의 사업
- ㉧ 개인 창업 또는 공동 창업
- ㉨ 근로의욕 제고 및 근로능력 유지를 위한 자원봉사
- ㉩ 그 밖에 수급자의 자활에 필요하다고 보건복지부장관이 정하여 고시하는 사업

20 ④

모두 옳은 설명이다.

2019. 6. 15.
제2회 서울특별시 시행

---

1 ②

퍼니스와 틸톤의 복지국가 유형

구분	적극적 국가	사회보장국가	사회복지국가
국가정책의 목적	자유시장의 불안정성과 재분배의 요구로부터 자본가 보호	국민 전체의 생활안정	국민 평등과 화합
국가정책의 방향	경제성장을 위한 정부와 기업의 협조, 완전고용정책의 극대화	국민 전체에 직접적 혜택부여 및 완전고용정책의 극대화	최하계층의 욕구를 우선고려, 완전고용정책 실현
사회정책의 방향	경제적 효율성에 기여할 수 있는 복지서비스만 실시	국민최저수준의 보장	국민최저수준 이상의 보장
해당 국가	미국 등	영국 등	스웨덴 등

2 ②

사회복지의 잔여적 개념은 가족, 시장을 통해 개인의 욕구가 충족될 수 있음을 전제로 하며 사회복지는 보충적 성격을 띤다는 것이다. 따라서 사회복지 활동이 필요하지 않은 것이 궁극적인 지향이다.
①③④는 사회복지의 제도적 개념에 대한 설명이다.

3 ①

- ② 좋은 척도라고 해도 100%의 신뢰도를 가질 수는 없다.
- ③④ 신뢰도는 타당도의 필요조건이고, 타당도는 신뢰도의 충분조건이다. 타당도가 높으면 신뢰도도 항상 높지만, 신뢰도가 높을 경우 타당도는 높을 수도 있고 낮을 수도 있다.

4 ③

- ㉡ 모든 대안들을 합리적으로 검토하여 최선의 정책 대상을 찾을 수 있다고 가정하는 것은 합리모형이다.
- ㉣ 제한된 합리성을 바탕으로 접근이 용이한 일부 대안에 대한 만족할 만한 수준을 추구하는 것은 만족모형이다.

5 ③

쿠블러-로스의 죽음의 5단계

㉠ **부정** : 죽음과 관련한 사실, 정보, 현실 등을 의식적, 무의식적으로 거부하는 단계이다

㉡ **분노** : 일부 사람들은 자신에게 화를 내며 자책하기도 하고, 주변의 가까운 사람에게 화를 내기도 하는 등 개인의 성격에 따라 다른 방법으로 표출된다.

㉢ **타협** : 환자는 자신이 처한 사회적 배경을 중심으로 신이나 절대자에게 귀의하게 된다. 지금까지의 삶의 방식을 버리고 새롭게 시작하려는 노력을 시도하기도 한다.

㉣ **우울** : 비통함을 준비하는 과정으로 현재 직면한 사실은 피할 수 없는 현실임을 인식하게 되면서 무력감을 느끼고 이와 관련한 감정적 고통을 표출하는 시기라고 할 수 있다.

㉤ **수용** : 분노와 같이 개인의 환경이나 성격에 따라 다른 방법으로 나타난다. 대부분의 경우 정서적으로 안정되고 객관적으로 현실을 볼 수 있게 된다.

6 ②

동류집단 조사는 동년배 연구, 동시경험집단 조사라고도 하며 시간의 변화에 따른 동류집단의 변화를 관찰한다. 시간의 변화에 따른 동일집단의 변화를 관찰하는 패널조사와 유사하지만, 조사 대상자 측면에서 차이가 있다.

7 ④

㉠ **인보관** : 인보사업운동은 빈민지구를 실제로 조사하여 그 지구에 대한 생활실태를 자세히 파악하고 구제의 필요가 있는 사람에게 조력해 준다.

㉡ **자선조직협회** : 자선조직협회는 빈곤에 대해 자유주의적 죄악관을 가지고 있었기 때문에 빈곤을 개인의 도덕적 책임으로만 돌리고 빈곤발생의 사회적 기반에 대해서는 등한시하였다.

8 ④

사회민주주의 이론에 대한 설명이다. 사회민주주의 이론은 사회복지를 자본가계급과 노동자계급의 정치적 투쟁에서 노동자계급을 대변하는 정치적 집단이 승리하여 획득한 것이라고 본다.

9 ②

② "부양의무자"란 수급권자를 부양할 책임이 있는 사람으로서 수급권자의 1촌의 직계혈족 및 그 배우자를 말한다. 다만, 사망한 1촌의 직계혈족의 배우자는 제외한다〈「국민기초생활 보장법」 제2조(정의) 제5호〉.

10 ①

② 사회계획 모델에 대한 설명이다.
③ 지역사회개발 모델에 대한 설명이다.
④ 사회행동 모델은 지역사회 내에서 소외계층의 이익을 대표하는 것이다.

11 ①

② 현금급여에 대한 설명이다.
③ 보편주의에 대한 설명이다.
④ 사회보험료에 대한 설명이다. 바우처는 정부가 수요자에게 쿠폰을 지급하여 원하는 공급자를 선택토록 하고, 공급자가 수요자로부터 받은 쿠폰을 제시하면 정부가 재정을 지원하는 방식으로, 이때 지급되는 쿠폰을 바우처라고 한다.

12 ③

개인의 내적 요소, 즉 클라이언트의 심리적 변화와 사회적 요소인 사회환경적 변화를 모두 중시하는 것은 심리사회적 접근방법의 특징이다.

13 ①

사회복지사의 기본적 윤리기준 중 경제적 이득에 대한 태도와 전문가로서의 자세에 해당되는 내용이다.

14 ③

사회복지 급여 유형 중 권력에 대한 설명이다. 권력은 물품과 자원에 대한 통제력을 재분배하는 것과 연관된 것으로, 수급자 또는 잠재적 사회복지 대상자에게 보다 많은 자원이 분배될 수 있도록 그들의 정치적, 사회적 힘을 확대시키고자 한다. 구체적으로 클라이언트 및 다른 사회적 약자 집단의 대표자들을 사회복지 관련 기관의 이사로 선임하는 정책 등을 통하여 추구된다.

※ **사회복지 급여의 6가지 형태** … 기회, 서비스, 재화, 상환권 및 요금감면(신용), 현금급여, 권력

15 ③

하나의 수급자격에 따라 구직급여를 지급받을 수 있는 날(소정급여일수)은 대기기간이 끝난 다음날부터 계산하기 시작하여 피보험기간과 연령에 따라 별표 1에서 정한 일수가 되는 날까지로 한다〈「고용보험법」 제50조(소정급여일수 및 피보험기간) 제1항〉.

16 ②

① 공공부조에 대한 설명이다. 사회보험은 사회구성원의 정상적인 생활을 보장하기 위해, 생활에 위협을 가져오는 사고가 발생할 경우 보험의 원리를 응용해 생활을 보장하고자 하는 사회보장 정책이다.
③ 사회보험에 대한 설명이다.
④ 사회서비스의 특징에 해당한다.

17 ②

① 관료제이론에 대한 설명이다.
③ 목표에 의한 관리를 강조하는 것은 목표관리이론이다.
④ 목표보다 인간관계를 강조한 것은 인간관계이론이다. 목표관리이론은 목표를 강조한다.

18 ④

㉠ **파레토 효율** : 어떤 자원배분 상태가 실현가능하고 다른 배분 상태와 비교했을 때 이보다 효율적인 배분이 불가능한 배분 상태
㉡ **수단적 효율** : 특정한 목표를 달성하는 데 가장 적은 자원을 투입하여 가장 많은 산출을 얻을 수 있는 상태(목표 달성이 핵심)

19 ①

아동의 기본적인 4대 권리
㉠ **생존의 권리(RIGHT TO SURVIVAL)** : 적절한 생활수준을 누릴 권리, 안전한 주거지에서 살아갈 권리, 충분한 영양을 섭취하고 기본적인 보건서비스를 받을 권리 등, 기본적인 삶을 누리는 데 필요한 권리
㉡ **보호의 권리(RIGHT TO PROTECTION)** : 모든 형태의 학대와 방임, 차별, 폭력, 고문, 징집, 부당한 형사처벌, 과도한 노동, 약물과 성폭력 등 어린이에게 유해한 것으로부터 보호받을 권리
㉢ **발달의 권리(RIGHT TO DEVELOPMENT)** : 잠재능력을 최대한 발휘하는 데 필요한 권리. 교육받을 권리, 여가를 즐길 권리, 문화생활을 하고 정보를 얻을 권리, 생각과 양심과 종교의 자유를 누릴 수 있는 권리 등
㉣ **참여의 권리(RIGHT TO PARTICIPATION)** : 자신의 생활에 영향을 주는 일에 대해 의견을 말하고 존중받을 권리. 표현의 자유, 양심과 종교의 자유, 평화로운 방법으로 모임을 자유롭게 열 수 있는 권리, 사생활을 보호받을 권리, 유익한 정보를 얻을 권리 등

20 ④

장애인정책종합계획〈「장애인복지법」 제10조의2 제1항, 제2항〉
㉠ 보건복지부장관은 장애인의 권익과 복지증진을 위하여 관계 중앙행정기관의 장과 협의하여 5년마다 장애인정책종합계획을 수립·시행하여야 한다.
㉡ 종합계획에는 다음의 사항이 포함되어야 한다.
• 장애인의 복지에 관한 사항
• 장애인의 교육문화에 관한 사항
• 장애인의 경제활동에 관한 사항
• 장애인의 사회참여에 관한 사항
• 그 밖에 장애인의 권익과 복지증진을 위하여 필요한 사항

1 ③

③ 윌렌스키와 르보의 제도적 개념에서 사회복지는 1차적 기능이며, 제도적으로 국가가 적극 개입함으로써 개인이나 집단이 만족할 만한 수준의 복지가 구현될 수 있는 모델이다.

①, ②, ④는 잔여적 개념에 해당한다.

※ **윌렌스키와 르보의 사회복지의 기능**

ⓐ **잔여적 개념(보충적 개념, 보완적 개념)**

ⓐ 가족이나 시장이 정상적인 기능을 수행하지 못할 때 이의 보완적 기능을 사회복지가 담당한다.

ⓑ 사회복지의 혜택을 받는 사람들은 비정상적 · 병리적인 사람이고 적응을 하지 못하는 사람으로 간주한다.

ⓒ 급격한 사회변화를 반영하지 못하고 있으며, 현대사회복지활동의 다양한 측면들을 충분히 설명하지 못하고 있다.

ⓓ 사회복지는 그 기능을 임시로 보충할 뿐이며, 사회복지활동이 사회를 유지하고 발전시키는 데 필수적이라고 생각되지는 않는다.

ⓔ 초기산업사회 및 자유주의 국가에서 나타난다.

ⓛ **제도적 개념**

ⓐ 현대의 산업사회에 있어서 가족과 시장경제 제도는 제 기능을 발휘할 수 없기 때문에 사회복지가 사회유지에 필수적 기능을 해야 한다는 것이다.

ⓑ 사회복지서비스가 1차적 기능이며, 제도적으로 국가가 적극 개입함으로써 개인이나 집단이 만족할 만한 수준의 복지가 구현될 수 있는 모델이다.

ⓒ 어떤 긴급함이나 비정상적인 문제들에 국한되지 않는 광범위한 제도나 정책을 수립함으로써 사회복지 문제에 예방적 · 조직적 · 계획적으로 대처하려는 것이다.

ⓓ 사회복지는 현대의 산업사회에서 각 개인의 자아완성을 돕기 위해 타당하고 정당한 기능을 수행하는 것으로 받아들여진다.

ⓔ 후기산업사회의 복지국가에서 많이 나타난다.

2 ①

① 국민기초생활보장제도는 공공부조로서 공적 재원인 조세로 조달된다.

②③④ 사회보험으로서 가입자의 보험료로 조달됨이 원칙이다.

3 ③

※ **직접실천과 간접실천**

ⓐ **직접실천** : 클라이언트를 직접 변화시킴으로써 클라이언트의 문제를 해결하는 실천방식이다. 주로 개인, 집단, 가족을 대상으로 클라이언트를 직접 대면하여 개입, 정보제공, 기술교육 제공, 상담 등을 실행한다.

• 의사소통기술 : 클라이언트의 정서적 안정과 인지구조의 변화, 클라이언트 자신과 문제 상황, 자원 등에 대한 상황인식 능력의 향상 등

• 행동변화기술 : 강화, 처벌, 소거, 모델링, 체계적 탈감법

ⓛ **간접실천** : 클라이언트를 돕기 위해 클라이언트 이외의 개인, 소집단, 조직 또는 지역사회에 주의를 기울이는 활동들이다.

사회복지 정책, 행정 등으로 사회복지에 필요한 환경을 조성하는 실천유형으로, 비록 클라이언트를 직접 만나는 실천 유형은 아니지만 사회복지의 지속성을 확보하고 효율성을 향상시키는 데 결정적 영향을 미치게 되는 실천방법으로, 서비스 연계, 공청회 개최, 홍보활동, 프로그램 개발, 예산확보 운동, 캠페인 등이 있다.

• 지원서비스 : 재정지원, 의료 서비스 연결, 보육서비스 연결 등

• 서비스 조정에 관련된 활동

• 프로그램 계획과 개발을 위한 활동 등

4 ③

㉠, ㉢ 자선조직협회(COS)는 빈곤을 개인의 도덕적 책임으로만 돌리고 빈곤발생의 사회적 기반에 대해서는 등한시하였다. 또한 자선기관 간 중복과 재원낭비를 방지하고자 우애방문원에 의한 빈민 가정 방문, 조사, 등록을 하였다.

※ 자선조직협화와 인보관운동

	자선조직협회	인보관운동
주체	• 신흥자본가, 상류층 (기득권층)	• 젊은 대학생과 중류층 중심
빈곤관	• 빈곤은 개인의 책임 • 자유주의 사회개량운동 • 자조윤리를 강조한 빈민개량운동	• 빈곤은 사회구조적 원인 • 실직하게 되는 것은 개인의 무지나 게으름과 같은 도덕적인 문제가 아니라 산업화의 착취의 결과라 주장
이데올로기	• 사회진화론, 보수주의 • 인도주의적 기능과 사회통제적 기능을 동시에 담당 • 정부가 제공하는 원조에 대한 수혜 자격을 평가 : 조사와 등급제를 통한 빈민통제(사회통제적 기능)	• 진보주의, 급진주의 • 빈곤의 원인이 사회환경에 있음 • 계층별 도덕성 강조
서비스	• 서비스조정에 초점 • 원조의 중복제공 방지	• 서비스 자체 • 사회개혁시도
주요 내용	• 개별사회사업을 탄생시킴. 개별원조기술 최초로 발전시킴. 사회복지의 과학성을 높임 • 기관등록 : 기관끼리 협력해서 중복 구제를 막음. 사회복지 구제의 효율성 높임. • 공공의 구빈정책에는 반대 • 부자와 빈자의 불평등 인정	• 3R운동 Residence(거주), Research(조사), Reform(개혁) • 연구조사를 통해 사회제도를 개혁해야 한다는 기본개념 • 바네트 목사에 의하여 주도 • 박애보다는 법규 중시(입법에 영향)
영향	• 현대 개별사회사업가의 시초 • 기능론적 시각	• 집단사회사업 발달의 효시 • 원인론적 시각

5 ④

④ 시간적 소득재분배 … 한 개인이 일생의 소득을 전 생애기간으로 재분배하는 것으로, 소득이 높았던 시기의 소득을 노후 등 소득이 낮은 시기로 이전함으로써 전 생애동안 안정적인 소비활동을 위한 것이다.

※ 시간적 소득재분배
  ㉠ 단기적 재분배 : 사회적 욕구의 충족을 위해 현재의 자원을 사용하여 소득재분배(공공부조)
  ㉡ 장기적 재분배 : 생애에 걸쳐, 세대에 걸쳐 이루어지는 소득재분배(국민연금, 적립방식의 연금)

6 ②

② 지역자활센터 : 보장기관은 수급자 및 차상위자의 자활 촉진에 필요한 다음의 사업을 수행하게 하기 위하여 사회복지법인, 사회적협동조합 등 비영리법인과 단체를 법인 등의 신청을 받아 지역자활센터로 지정할 수 있다. 이 경우 보장기관은 법인 등의 지역사회복지사업 및 자활지원사업 수행능력·경험 등을 고려하여야 한다. 〈국민기초생활 보장법, 제16조〉
① 사회복지관 : 사회복지사업법에 근거를 두고 있다.
③ 노숙인종합지원센터 : 노숙인 등의 복지 및 자립지원에 관한 법률에 근거를 두고 있다.
④ 아동일시보호시설 : 아동복지법에 근거를 두고 있다.

7 ③

길버트와 스펙트(테렐)의 급여체계 중 '기회'에 해당하는 내용이다. 기회로 제공되는 경우 기회는 무형의 급여로, 어떤 개인이나 집단에 대해 이전에는 부정되었던 급여에 대해서 접근을 가능하게 만든다. 대부분 고용과 교육에서의 기회를 중요시하며 노동 시장의 경쟁에서 불리함을 제거하는 특징이 있다.

8 ①

① 성인지 관점은 가부장주의 사회에서 당연시되던 남녀의 고정된 역할분담이나 불평등과 같은 기존의 질서와 구조에 의문을 제기하면서 나타났다.
※ 성인지 관점 … 성인지적 관점이란 남성과 여성이 처한 현실에 따라 그 효과가 다를 수 있다는 문제의식에서 출발해 여성과 남성의 삶을 비교하고, 여성 특유의 경험을 반영하며, 특정 개념이 특정 성에게 유리하거나 불리하지 않은지, 성 역할 고정관념이 개입되어 있는지 아닌지에 대하여 각종 제도나 정책을 검토하는 관점을 말한다.

9 ④

④ 사례관리의 개입원칙 중 클라이언트의 자율성 극대화 원칙은 클라이언트의 선택에 대한 자유를 최대화하고 지나친 보호를 하지 않는 것을 의미한다. 이는 클라이언트의 자기 결정권을 가능한 보장하고자 하는 것이다.

10 ③

③ 장애인고용촉진 및 직업재활법 제28조(사업주의 장애인 고용 의무)1항 : 상시 50명 이상의 근로자를 고용하는 사업주(건설업에서 근로자 수를 확인하기 곤란한 경우에는 공사 실적액이 고용노동부장관이 정하여 고시하는 금액 이상인 사업주)는 그 근로자의 총수(건설업에서 근로자 수를 확인하기 곤란한 경우에는 대통령령으로 정하는 바에 따라 공사 실적액을 근로자의 총수로 환산한다)의 100분의 5의 범위에서 대통령령으로 정하는 비율이상에 해당(그 수에서 소수점 이하는 버린다)하는 장애인을 고용하여야 한다.

11 ①

① 교육자 : 사회복지사는 정보를 제공하고 행동과 기술을 지도하는 등 클라이언트가 자신의 능력을 강화시킬 수 있도록 가르치는 역할을 한다.
② 중재자 : 사회복지사는 클라이언트와 상대방 등이 서로 간에 갈등을 해결하도록 설득 및 화해의 절차들을 통해 공동의 기반을 발견하도록 조력한다.
③ 중개자 : 사회복지사는 도움을 필요로 하는 개인이나 집단을 지역사회의 자원 및 서비스와 연결하는 역할을 한다.
④ 옹호자 : 사회복지사는 클라이언트를 대신해서 계약된 목적을 달성하기 위해 클라이언트 개인이나 가족의 권리를 주장하고 옹호하며 정책적 변화를 모색하기 위한 활동을 한다.

12 ②

① 사회통합 기능
③ 사회통제 기능
④ 생산 · 분배 · 소비의 기능
※ 워렌(Warren)이 제시한 지역사회의 기능
　㉠ 생산 · 분배 · 소비 기능(경제제도)
　　• 일상생활에 필요한 재화와 서비스를 지역주민 간에 교환하는 경제적 기능을 담당한다. 즉, 경제제도와 일상생활을 영위하는데 필요로 하는 재화와 서비스를 생산, 분배, 소비하는 기능을 한다.

　㉡ 사회화 기능(가족제도)
　　• 개인들이 사회와 이를 구성하는 사회적 단위들의 지식, 기본적인 가치, 행동유형 등을 터득하는 과정을 말한다.
　　• 가족, 집단, 조직 등 모든 사회적 단위는 그 구성원들이 살아가는 데 필요한 정보를 직접 · 간접적으로 전달하는 기능을 수행한다.
　㉢ 사회통제 기능(정치제도)
　　• 그 지역사회 구성원들이 사회적 역할, 규범, 가치 등에 순응하도록 돕는 과정을 말한다.
　　• 이를 위해 사회적으로 법률, 규칙, 규정 등을 제정하고, 이를 집행함으로써 일정한 강제력을 행사하며 그 지역사회의 질서를 지키고 사회 해체를 막는 기능을 수행한다.
　㉣ 사회통합 기능(종교제도)
　　• 사회구성원 상호간의 신뢰를 바탕으로 사기를 진작시킴으로써 사회적 규범을 자발적으로 따르도록 사회에 대한 충성심을 강화하는 기능
　　• 지역사회 구성원들은 공식적 조직뿐만 아니라 지역교회, 시민조직 또는 비공식적 집단 등을 통해 사회적 상호작용의 기회를 갖게 된다.
　㉤ 상부상조 기능
　　• 지역사회구성원의 개인적 어려움을 보상 없이 지원하는 기능으로, 사회복지제도 사회구성원들이 주요 사회제도로 자기들의 욕구를 충족할 수 없는 경우 필요로 하는 사회적 기능이다.
　　• 가족, 친인척, 이웃, 친구와 같은 1차적 집단에서 정부, 사회복지기관 및 조직 등으로 옮겨지고 있다.
　　• 사회가 다양해지고 복잡해짐에 따라 개인과 집단이 각 기능을 전문적으로 수행하면서 전문화된 사회제도가 생겨나게 된다.

13 ①

① 개인을 진단에 따른 증상을 가진 자로 규정하는 것은 병리관점이다.

※ 사회복지실천의 관점

구분	병리(pathology)중심	강점(strength)중심
개인	진단에 따른 증상을 가진 자	독특한 존재로 강점, 기질 등 자원을 가진 자
치료의 초점	문제	가능성
클라이언트의 진술	전문가에 의해 재해석되어 진단 활용	그 사람을 알아보고 평가하는 중요 방법의 하나
사회복지사-진술	클라이언트의 진술에 회의적	클라이언트의 진술을 인정
유아기 사건	성인기의 병리를 예측할 수 있는 전조	개인을 약하게도 할 수 있고 강하게도 할 수 있음
치료의 핵심	실무자에 의해 고안된 치료계획	개인, 가족, 지역사회의 참여
클라이언트 삶의 전문가	사회복지사	개인, 가족, 지역사회
개인적 발전	병리에 의해 제한됨	항상 개방되어 있음
변화를 위한 자원	전문가의 지식과 기술	개인, 가족, 지역사회의 장점, 능력, 적응기술
돕는 목적	행동, 감정, 사고, 관계에 부정적인 개인적, 사회적 결과와 증상의 영향을 감소시키는 것	그 사람의 삶에 함께하며 가치를 확고히 하는 것

14 ④

④ 최저생계비를 기준으로 하는 것은 절대적 빈곤의 개념이다. 상대적 빈곤은 평균 또는 중위소득의 비율, 소득 분배상의 일정 비율, 타운젠드 방식 등을 기준으로 한다.

15 ③

③ 사회민주주의이론은 노동자 계급의 정치세력화로 인하여 복지국가가 등장하게 되었다. 보기의 설명은 다원주의론에 관한 설명이다.

※ 다원주의론(이익집단이론)

- ㉠ 민주주의 사회를 전제로 하고 있으며, 다원화된 집단과 이들 간의 경쟁과 제휴정치를 통하여 복지국가가 발전한다고 본다.
- ㉡ 다양한 집단의 정치적 참여를 중시하고, 권력이 국가보다는 시민사회에 분산되어 있으며 국가가 중립적 위치에서 다양한 집단들의 경쟁과 갈등을 조절하고 협의를 이끌어 내는 시스템 관리자로서 기능한다고 본다.

16 ②

① 노인돌봄종합서비스는 만 65세 이상 노인으로 가구 소득이 기준 중위소득 160% 이하인 경우를 대상으로 하고 있고 응급안전서비스는 독거노인, 보호가 필요한 장애인에게 제공된다.
③ 노인장기요양보험제도는 만 65세 이상 또는 65세 미만의 노인 등이 노인성질병(치매, 뇌혈관성 질환)이 있는 자에게 적용된다.
④ 「치매관리법」 이후 고령사회로 진입하면서 노인과 그 가족이 전부 떠안아야 했던 치매로 인한 고통과 부담을 정부가 책임지는 복지정책이 치매국가관리제이다.

17 ④

④ **명료화** : 클라이언트의 생각이나 감정, 경험을 명확히 이해하기 위해 클라이언트의 진술이 추상적이거나 혼란스러운 경우에 보다 구체적으로 표현하도록 클라이언트에게 요청하는 것이다.
① **직면** : 클라이언트의 생각과 행동의 불일치나 모순점을 이야기해주거나, 클라이언트가 자신의 문제의 존재와 문제 내용에 대해 회피, 부정, 왜곡 등을 하거나 자신의 행동의 결과에 대해 인식하기를 거부하는 경우에 자신에 대한 인식력을 향상시키기 위한 기법이다.
② **해석** : 클라이언트가 표현한 문제에 숨겨진 의미를 발견하고자 하는 것으로, 문제 이면에 담겨 있는 이슈들을 파악하는 과정이다.
③ **재보증** : 자신의 능력이나 자질에 대해 회의적인 클라이언트를 대상으로 이들의 자신감을 향상시키기 위해 활용하는 기술이다.

18 ④

① **감지적 욕구(felt need)** : 욕구상태에 있는 당사자의 느낌에 의해 인식되는 것인데, 이것은 어떤 욕구상태에 있는지 또는 어떤 서비스를 필요로 하고 있는지 물어서 파악하는 욕구이다.

② **표현적 욕구(expressed need)** : 감지된 욕구가 실제의 욕구충족 추구행위로 나타난 것이며, 수요라고도 할 수 있다.

③ **비교적 욕구(comparative need)** : 어떤 서비스를 받고 있는 사람들과 비슷한 특성을 갖고 있으면서도 서비스를 받지 않고 있는 사람들을 욕구상태에 있는 것으로 규정하는 것을 말한다.

19 ④

※ **동료의 클라이언트와의 관계**

　㉠ 사회복지사는 적법하고도 적절한 논의 없이 동료 혹은 다른 기관의 클라이언트와 전문적 관계를 맺어서는 안 된다.

　㉡ 사회복지사는 긴급한 사정으로 인해 동료의 클라이언트를 맡게 된 경우 자신의 의뢰인처럼 관심을 갖고 서비스를 제공한다.

20 ④

④ **상평창** : 물가를 조절하는 기구로서, 흉년이 들어 곡가가 오르면 시가보다 싼 값으로 내다 팔아 가격을 조절함으로써 백성들의 생활을 안정시켰다.

① **사창** : 조선시대 각 지방 군현의 촌락에 설치된 곡물 대여 기관이다.

② **의창** : 흑창이 변화한 것으로 규모가 확대되었으며, 미곡뿐만 아니라 소금이나 기타 생필품을 구휼하였다.

③ **흑창** : 고구려의 진대법으로부터 영향을 받아 태조 때 설치한 빈민구제기관으로, 평상시에 관곡을 저장하였다가 비상시에 빈궁한 백성에게 대여하고, 수확기에 거두어들이는 것이다.

2020. 7. 11.
인사혁신처 시행

---

1 ④

'사회적'이라는 의미는 물질적이거나 영리적인 요소보다는 비영리적이며 이타적 속성의 공동체적 삶의 요소에 관심을 기울이는 것을 말한다.

2 ①

② **공적연금** : 국가가 운영주체가 되는 연금으로, 한국에서는 국민연금, 공무원연금, 군인연금, 사립학교교직원연금이 이에 해당한다.

③ **사회서비스** : 사회서비스란 '삶의 질' 향상을 위해 사회적으로는 꼭 필요하지만 민간기업들이 저(低)수익성 때문에 참여하지 않는 복지서비스를 뜻한다.

④ **사회보험** : 사회보장제도의 핵심적 제도로서, 국민에게 발생하는 사회적 위험을 보험방식에 의해 대처함으로써 국민건강과 소득을 보장하는 제도이다.

3 ②

㉡ 공공부조에 대한 설명이다.

㉣ 65세 혹은 70세 이상의 노인이면 누구나 급여자격을 주는 보편적 연금과 아동을 키우는 가구에게는 누구나 자격을 주는 아동수당 등이 해당된다.

4 ②

② 대처리즘과 레이거노믹스는 신자유주의 이념에 입각하여 사회복지부문에 대한 정부 예산을 대폭 삭감하고 국가의 개입을 축소하였다.

신자유주의는 세계화(또는 지구화)와 지방화(또는 분권화)를 기치로 작은 정부, 큰 시장, 공공부문의 시장화, 규제완화(또는 탈규제화), 민영화, 노동의 유연화(정규직의 축소 및 탄력적 고용·보수체계) 등을 추구한다.

5 ④

④ 19세기 독일에서 세계 최초로 사회보험제도가 등장하였다. 세계 최초의 의료보험, 산재보험, 노령폐질연금 정책을 실시하였으며 노동운동을 선동하는 사회주의자들을 직접적으로 탄압하고 노동자계급을 국가내로 통합시키기 위한 회유책을 동시에 진행하였다.

6 ②

② 기본적인 윤리기준 이외에 사회복지사의 클라이언트, 동료, 사회, 기관에 대한 윤리기준을 각각 제시하고 있다.
① 윤리강령은 전문과 윤리기준으로 구성되어 있다.
③ 기본적 윤리기준에는 전문가로서의 자세, 전문성 개발을 위한 노력, 경제적 이득에 대한 태도에 대한 윤리기준을 각각 제시하고 있다.
④ 사회복지윤리위원회의 구성과 운영에 대한 내용도 포함하고 있다.

7 ③

부정은 자아가 현재의 상황에 있는 위협적 요소를 감당할 수 없는 경우 위험하거나 고통스러운 생각을 인식하지 않으려는 것을 뜻한다. ③번의 사례의 경우 '부정'에 해당하는 사례는 아니며 다양하게 해석될 수 있으나 문제의 책임을 타인에게 전가하고 있으므로 투사에 해당하는 사례로 볼 수 있다.
① 투사 : 물체에 대한 책임을 타인에게 돌리거나 전가하는 것이다.
② 퇴행 : 심한 좌절 또는 스트레스를 받았을 때 유치한 수준(주로 고착 시기)으로 후퇴하는 현상을 말한다.
④ 취소 : 자신의 욕구와 행동으로 인하여 타인에게 피해를 주었다고 느낄 때, 원상복구 하려는 일종의 속죄 행위이다.

8 ①

① 접수단계 – 실천과정의 초기 국면에서 무엇보다 중요한 것은 관계 또는 라포(rapport)를 형성하는 것이다.
② 사정단계 – 수집된 자료들을 해석, 의미부여, 실천적 개입을 위한 계획을 세우는 과정을 말한다.
③ 개입단계 – 사회복지사와 클라이언트가 상호 합의하여 결정한 문제 해결을 위한 구체적 행동을 하는 단계이다.
④ 종결단계 – 사회복지사와 클라이언트의 전문적 관계가 종료되는 원조 과정의 마지막 단계이다.

9 ③

사회복지 조사연구는 문제설정→조사설계→자료수집→자료처리 및 분석→결과해석 및 보고서 작성 순으로 이루어진다.

10 ②

② 기초연금은 노후 보장과 복지 향상을 위해 65세 이상의 소득인정액 기준 하위 70% 어르신에게 일정 금액을 지급하는 제도이다.

11 ③

① 탈상품화의 정도가 매우 낮다.
② 국가의 역할은 주변적이다.
④ 사회민주적 복지국가에서 보편주의 원칙에 따라 사회권에 기초한 요구들을 충족 시켜준다.
※ 에스핑 안데르센의 복지국가 유형 간 비교

복지체계	자유주의	보수주의	사민주의
탈상품화 수준	낮음	중간	높음
계층화	계층 간 대립 심화	계층 간 차이 유지	계층 간 연대·통합
사회권의 기초	도움이 필요한 욕구	고용지위	시민 됨
주된 프로그램	공공부조	현금급여	현금급여+ 사회서비스
급여	낮고 잔여적	기여에 비례	높고 재분배적
국가의 역할	주변적	보조적	중심적
해당 국가	미국, 캐나다 등	독일, 프랑스 등	스웨덴, 노르웨이 등

12 ①

① 사례관리는 탈시설화 및 재가복지 서비스의 경향으로 그 필요성이 대두되었다.
※ 사례관리의 등장 배경
  ㉠ 사회인구학적 변화
  ㉡ 다양한 문제와 욕구를 가진 클라이언트의 증가
  ㉢ 탈시설화
  ㉣ 서비스 공급주체의 다원화 및 서비스의 지방분권화
  ㉤ 복잡하고 분산된, 즉 통합적이지 못한 서비스 체계
  ㉥ 클라이언트와 그 가족에게 부과되는 과도한 책임
  ㉦ 사회적(비공식적) 지지체계의 중요성에 대한 인식

ⓞ 복지국가의 재정적 위기
ⓩ 서비스 비용의 억제

13 ②

사례관리의 서비스 과정은 '접수→사정→계획(개입)→실행
(개입)→점검 및 재사정→평가의 순서로 진행된다.
제시된 사례는 ⓛ(사정)→ⓗ(계획)→ⓒ(개입, 점검)→ⓔ(평가
및 종결)의 순서로 진행된다.

14 ①

ⓒ 노인요양장기보험제도에서 노인은 65세 이상의 노인 또
는 65세 미만의 자로서 치매·뇌혈관성질환 등 대통령
령으로 정하는 노인성 질병을 가진 자를 말한다.
ⓔ 장기요양급여는 노인 등의 심신상태·생활환경과 노인
등 및 그 가족의 욕구·선택을 종합적으로 고려하여 필
요한 범위 안에서 이를 적정하게 제공하여야 한다.

15 ③

③ 양육수당은 어린이집이나 유치원을 다니지 않는 아동에
게 지급하는 복지 수당으로, 아동에 대한 부모의 양육비
용 부담 경감을 위해 시행되었다.
④ 아이돌봄 서비스 : 양육공백이 발생하는 만 12세 이하 자
녀가 있는 가정을 정부에서 지원하고, 양육공백이 발생
하지 않는 가정은 전액 본인부담으로 이용할 수 있다.

16 ④

사회복지사의 등급은 1급·2급으로 하되, 정신건강·의료·
학교 영역에 대해서는 영역별로 정신건강사회복지사·의료
사회복지사·학교사회복지사의 자격을 부여할 수 있다. 〈사
회복지사업법 제11조 제2항〉(2020.12.12 시행)

17 ④

④ 의료급여와 생계급여는 부양의무자 기준을 적용하며 그
와 함께 소득인정액 기준이 다르게 적용된다.
• 생계급여 : 생계급여 수급권자는 부양의무자가 없거나, 부
양의무자가 있어도 부양능력이 없거나 부양을 받을 수
없는 사람으로서 그 소득인정액이 중앙생활보장위원회의
심의·의결을 거쳐 결정하는 금액 이하인 사람으로 한다.
이 경우 생계급여 선정기준은 기준 중위소득의 100분의
30 이상으로 한다〈국민기초생활보장법, 제8조〉.

• 의료급여 : 의료급여 수급권자는 부양의무자가 없거나, 부
양의무자가 있어도 부양능력이 없거나 부양을 받을 수
없는 사람으로서 그 소득인정액이 중앙생활보장위원회의
심의·의결을 거쳐 결정하는 금액 이하인 사람으로 한다.
이 경우 의료급여 선정기준은 기준 중위소득의 100분의
40 이상으로 한다〈국민기초생활보장법, 제12조의3〉.

18 ④

④ 사회통합 : 장애인을 가정과 사회·정상적인 사람과 격리
시키거나 유별나고 특별한 사람으로 취급하여 처우하는 것
이 아니라 사회 속에서 정상인과 함께 생활할 수 있는 사람
으로 인식하여 통합적으로 처우하는 것이다.

19 ③

③ 등간척도 : 측정대상의 서열 간의 간격이 동일하도록 수
치를 부여하는 것으로 시험점수, 온도 등이 그 예이다.
① 명목척도 : 단순히 분류하기 위하여 측정대상의 속성에
부호나 수치를 부여하는 것으로 성, 인종, 결혼 여부 등
이 그 예이다.
② 서열척도 : 측정대상에 서열이나 순위를 매길 수 있도록
수치를 부여하는 것이나, 서열 간의 동일한 간격이나 절
대량을 지적하지는 않는다. 그 예로 사회계층, 선호도,
서비스 평가 등을 들 수 있다.
④ 비율척도 : 측정대상의 속성에 절대적인 영을 가진 척도
로 수치를 부여하는 것으로 연령, 무게, 출생률, 사망률
등이 그 예이다.

20 ③

ⓒⓔ : 생산자에게 유리한 정보, 소비자에게 불리한 정보의
비대칭성으로 인해 소비자의 합리적인 선택을 이끌어내
기 어렵게 되는 문제가 발생한다.
ⓗ 공공재 : 다른 사람의 부담에 의해 생산된 공공재를 공짜
로 소비하는 무임승차자가 발생한다.
ⓛ 외부효과 : 어떤 경제주체의 행위가 시장기구를 통하지
않은 상태에서 다른 경제주체의 경제활동에 영향을 미치
는 경우를 말한다.

기출지문

2016.3.19. 사회복지직 시행

1 key word : 우리나라의 사회보험

우리나라는 의료보험, 국민연금, 산업재해보상보험, 고용보험 등 4대 사회보험제를 실시하고 있다. (O/X)

2 key word : 사회복지 모형

조지와 윌딩(George & Wilding)이 제시한 '신우파'는 소극적 집합주의 성향을 가지며 자유보다 평등과 우애를 옹호한다. (O/X)

3 key word : 사회복지 대상의 선별기준

보편주의(universalism)는 복지 수혜 자격과 기준을 균등화하여 낙인감을 감소시킨다. (O/X)

4 key word : 우리나라 사회복지의 역사

「최저임금법」은 우리나라가 국가적인 경제위기를 경험한 1997년 이후 제정한 법률에 해당한다. (O/X)

5 key word : 자선조직협회(COS)

19세기 자선조직협회는 빈곤문제의 책임이 사회구조보다는 개인에게 있다고 보았다. (O/X)

6 key word : 영국의 사회복지역사

정주법(1662년)은 빈민들의 이동을 금지하여 빈곤문제를 교구 단위로 해결하고자 하였다. (O/X)

7 key word : 빈곤

절대적 빈곤은 최소한의 생활수준에 미치지 못하는 것을 의미한다. (O/X)

8 key word : 사회복지사 윤리강령

사회복지사는 긴급한 사정으로 인해 동료의 클라이언트를 맡게 된 경우, 동료의 전문적 관계를 훼손하지 않기 위해 최소한의 서비스를 제공한다. (O/X)

9 key word : 사회복지의 가치_평등

비례적 평등은 개인의 욕구 등에 따라 사회적 자원을 상이하게 배분하는 것으로, 형평(equity)을 평등의 개념으로 본다. (O/X)

10 key word : 사례관리

사례관리는 장기적인 보호를 필요로 하는 클라이언트를 시설에서 비용—효율적으로 관리하기 위해 고안된 실천방법이다. (O/X)

11 key word : 우리나라의 장애인복지법령

국가와 지방자치단체는 학생, 공무원, 근로자, 그 밖의 일반국민 등을 대상으로 장애인에 대한 인식개선을 위한 교육 및 공익광고 등 홍보사업을 실시하여야 한다. (O/X)

12 key word : 사회복지사의 역할

아동학대 피해아동의 가족에게 아동보호전문기관을 소개해주는 사회복지사의 역할은 중재자이다. (O/X)

13 key word : 면접 기술

클라이언트의 억압된 감정, 특히 부정적 감정이 문제 해결을 방해하거나 그러한 감정 자체가 문제가 되는 경우, 이를 표출하도록 함으로써 감정의 강도를 약화시키거나 해소시키는 면담기술을 '환기'라고 한다. (O/X)

14 key word : 국민기초생활 보장법

부양의무자란 수급권자를 부양할 책임이 있는 사람으로서 수급권자의 1촌의 직계혈족 및 그 형제자매를 말한다. (O/X)

15 key word : 아동학대범죄의 처벌 등에 관한 특례법

가정위탁지원센터의 장은 「아동학대범죄의 처벌 등에 관한 특례법」상 아동학대의 신고의무자이다. (O/X)

16 key word : 지역사회보장계획

시장은 지역사회보장계획안의 주요 내용을 20일 이상 공고하여 지역주민 등 이해관계인의 의견을 들은 후 시의 지역사회보장계획을 수립하여야 한다. (O/X)

17 key word : 노인장기요양보험법령

「노인장기요양보험법」은 고령이나 노인성 질병 등의 사유로 일상생활을 혼자서 수행하기 어려운 노인등에게 제공하는 장기요양급여에 관한 사항을 규정하고 있다. (O/X)

18 key word : 권한부여 모델

권한부여 모델은 전문적 지식과 기술을 활용한 치료계획을 통해 클라이언트의 증상을 치료하는 구조적인 접근방법이다. (O/X)

19 key word : 국제노동기구

1952년 국제노동기구(ILO)가 제정한 「사회보장의 최저기준에 관한 조약」의 사회보장 급여에 실업급여는 포함되지 않는다. (O/X)

20 key word : 사회복지조사

사회복지조사에서 조사도구가 측정하고자 의도하였던 개념을 정확히 측정하는지를 나타내는 것은 타당도이다. (O/X)

1 X

우리나라는 의료보험, 국민연금, 산업재해보상보험, 고용보험, 노인장기요양보험 등 5대 사회보험제를 실시하고 있다.

2 X

조지와 윌딩(George & Wilding)이 제시한 '신우파'는 반집합주의 성향을 가지며 평등과 우애보다 자유를 옹호한다.

3 O

보편주의는 국가가 평등하게 모든 국민의 욕구를 충족시켜주어야 한다는 것으로 낙인감을 심어주지 않으며, 사회통합에 효과적이다.

4 X

「최저임금법」은 1986년에 제정한 법률이다.

5 O

자선조직협회에서는 빈곤문제의 책임을 개인에게 있다고 보았지만, 인보관운동에서는 사회구조에 있다고 보았다.

6 O

정주법(1662년)은 노동자의 이동에 관한 조건을 법령으로 규제하였고, 빈민들의 이동을 금지하여 빈곤문제를 교구 단위로 해결하고자 하였다.

7 O

절대적 빈곤은 최소한의 생활수준에 미치지 못하는 것, 즉 최저생활을 유지하는 데 필요한 소득이 결여된 상태를 말한다.

8 X

사회복지사는 긴급한 사정으로 인해 동료의 클라이언트를 맡게 된 경우, 자신의 의뢰인처럼 관심을 갖고 서비스를 제공한다.

9 O

비례적 평등은 개인의 욕구, 능력, 노력, 기여에 따라 사회적 자원을 상이하게 배분하는 것으로 흔히 형평 또는 공평이라고 부른다.

10 X

사례관리는 장기적인 보호를 필요로 하는 클라이언트를 대상으로 지역사회에서 비용-효율적으로 관리하기 위해 고안된 실천방법이다.

11 O

국가와 지방자치단체는 학생, 공무원, 근로자, 그 밖의 일반국민 등을 대상으로 장애인에 대한 인식개선을 위한 교육 및 공익광고 등 홍보사업을 실시하여야 한다〈법 제25조〉.

12 X

사회복지사는 도움을 필요로 하는 개인이나 집단을 지역사회의 자원 및 서비스와 연결하는 역할을 중개자라고 한다.

13 O

환기는 클라이언트의 문제나 상황과 관련된 감정을 클라이언트로 하여금 표출하도록 하는 기법이다.

14 X

'부양의무자'란 수급권자를 부양할 책임이 있는 사람으로서 수급권자의 1촌의 직계혈족 및 그 배우자를 말한다. 다만, 사망한 1촌의 직계혈족의 배우자는 제외한다〈법 제2조〉.

15 O

건강가정지원센터의 장과 그 종사자는 직무를 수행하면서 아동학대범죄를 알게 된 경우나 그 의심이 있는 경우 에는 시·도, 시·군·구 또는 수사기관에 즉시 신고하여야 한다.

16 O

특별자치시장 및 시장·군수·구청장은 지역사회보장계획안의 주요 내용을 20일 이상 공고하여 지역주민 등 이해관계인의 의견을 들은 후 특별자치시장 및 시·군·구의 지역사회보장계획을 수립하여야 한다.〈시행령 제20조 제2항〉.

17 O

이 법은 고령이나 노인성 질병 등의 사유로 일상생활을 혼자서 수행하기 어려운 노인등에게 제공하는 신체활동 또는 가사활동 지원 등의 장기요양급여에 관한 사항을 규정하여 노후의 건강증진 및 생활안정을 도모하고 그 가족의 부담을 덜어줌으로써 국민의 삶의 질을 향상하도록 함을 목적으로 한다〈법 제1조〉.

18 X

전문적 지식과 기술을 활용한 치료계획을 통해 클라이언트의 증상을 치료하는 구조적인 접근방법은 병리(pathology) 관점이다.

19 X

1952년 국제노동기구(ILO)가 제정한 「사회보장의 최저기준에 관한 조약」의 사회보장 급여는 의료급여, 질병(상병) 급여, 실업급여, 노령급여, 산재급여(업무상재해급여, 고용재해급여), 가족급여, 모성급여(출산급여), 폐질급여(장애급여), 유족급여가 있다.

20 O

타당도는 측정하고자 하는 것을 얼마나 정확하게 측정하였는지를 나타낸다.

1 key word : 탈상품화

에스핑 앤더슨(Esping Andersen)은 탈상품화 수준에 따라 사회복지모델을 잔여적 복지와 제도적 복지로 구분하였다. (O/X)

2 key word : 사회보험

민영보험은 최저수준의 소득 보장을, 사회보험은 지불능력에 따른 급여 보장을 목적으로 한다. (O/X)

3 key word : 사회보장기본법

공공부조는 국가 · 지방자치단체 및 민간부문의 도움이 필요한 모든 국민에게 복지, 보건의료, 교육, 고용, 주거, 문화, 환경 등의 분야에서 인간다운 생활을 보장하고 상담, 재활, 돌봄, 정보의 제공, 관련 시설의 이용, 역량 개발, 사회참여지원 등을 통하여 국민의 삶의 질이 향상되도록 지원하는 제도이다. (O/X)

4 key word : 베버리지의 원칙

베버리지보고서는 사회보험의 원칙 가운데 하나로 소득에 관계없이 동일한 금액의 기여금을 낼 것을 제시하였다. (O/X)

5 key word : 사회복지의 가치

개인주의는 사회는 개인에게 균등한 기회를 차별 없이 제공해야 한다. (O/X)

6 key word : 연구설계

사전검사와 사후검사에서 조사도구가 바뀌거나, 동일한 조사도구라도 신뢰도가 낮은 도구를 사용하여 내적 타당성을 저해하는 것을 도구효과라고 한다. (O/X)

7 key word : 사회서비스

사회서비스 바우처는 공급자 지원방식의 대표적인 정책수단이다. (O/X)

8 key word : 국민기초생활 보장법

2015년 7월 시행(2014년 12월 30일 개정)된 「국민기초생활 보장법」에서 자활지원계획의 수립 조항이 신설되었다. (O/X)

9 key word : 근로장려세제

우리나라의 현행 근로장려세제는 소득지원제도로서 일정 금액 이하의 저소득 근로자가구를 대상으로 한다. (O/X)

10 key word : 사회복지법

1960년대 초 인간다운 생활을 할 권리 보장 조항을 헌법에 포함함으로써, 향후 사회복지입법의 토대를 마련하였다. (O/X)

11 key word : 로웬버그와 돌고프의 윤리원칙

로웬버그와 돌고프의 윤리원칙의 가장 첫 단계는 생명보호의 원칙이다. (O/X)

12 key word : 아동복지법

「아동복지법」에서 아동을 매매하는 행위는 벌금형 없이 징역형에 처한다. (O/X)

13 key word : 사회복지실천

콤튼(Compton)과 갤러웨이(Galaway)에 따르면 면접은 자유로운 분위기를 위해 계약을 지양한다. (O/X)

14 key word : 사회복지프로그램

사회복지프로그램의 대상자 선정에 있어 위기집단은 위기를 겪어서 프로그램에 참여하는 모든 집단이다. (O/X)

15 key word : 사회복지 전달체계

사회복지 전달체계에서 지방자치단체에 비해 중앙정부가 기능적으로 우위인 이유 중 하나는 지역별 다양한 사회복지 서비스 욕구에 탄력적으로 대응하기 쉽다는 것이다. (O/X)

16 key word : 사회복지실천

사회복지실천의 통합적 접근방법이 등장한 배경 중 하나로는 인간과 환경은 서로 분리되어 있는 것이 아니라 지속적 상호교류를 하는 하나의 체계로 이해되었다는 점이다. (O/X)

17 key word : 노인복지법

「노인복지법」에 의한 노인여가복지시설에는 노인복지관, 경로당, 노인교실이 포함된다. (O/X)

18 key word : 사회복지의 대상

'경제활동에 참여하면서도 빈곤을 벗어나지 못하는 사람들이 있는데 이것은 왜 그럴까?'와 같은 의문은 '신빈곤'의 개념 때문이다. (O/X)

19 key word : 장애인차별금지 및 권리구제 등에 관한 법

장애인보조기구의 정당한 사용을 방해하는 경우는 「장애인차별금지 및 권리구제 등에 관한 법률」상 금지하는 차별에 해당될 수 있는 경우이다. (O/X)

20 key word : 사회복지실천

사회복지실천의 개념 중 '사회복지사가 과거에 다른 사람에게 가졌던 감정을 현재의 클라이언트에게서 느끼는 현상을 역전이라고 한다. (O/X)

1 X

에스핑 앤더슨은 탈상품화와 사회 계층화를 기준으로 하여 사회복지모델을 자유주의적 복지국가, 조합주의적 복지국가, 사회민주주의적 복지국가로 구분하였다.

2 X

사회보험은 최저수준의 소득 보장을, 민영보험은 지불능력에 따른 급여 보장을 목적으로 한다.

3 X

사회서비스에 대한 설명이다.

4 O

베버리지의 원칙 중 하나인 균일한 생계급여의 원칙은 실업, 장애, 퇴직으로 인한 소득상실의 경우 소득상실 전에 받던 소득액의 다과에 상관없이 보험급여의 액수가 동일해야 한다는 원칙이다. 다만 업무상 재해나 질병의 경우는 예외로 한다.

5 X

기회균등은 사회는 개인에게 균등한 기회를 차별 없이 제공해야 한다.

6 O

도구효과는 사전검사와 사후검사에서 조사도구가 바뀌거나, 동일한 조사도구라도 신뢰도가 낮은 도구를 사용하면 사후검사 시 종속변수에 변화가 있더라도 이것이 독립변수 때문이라고 주장할 수 없어 내적 타당성을 저해하는 것을 말한다.

7 X

바우처는 현물급여와 현금급여 형태의 중간적 성격으로 인해 주요한 급여형태로 쓰이지 못한다.

8 X

자활지원계획의 수립 조항은 2014년 12월 30일 개정 전에도 규정되어 있었다.

9 O

「조세특례제한법」에서 저소득자의 근로를 장려하고 소득을 지원하기 위하여 근로장려세제를 적용하여 근로장려금을 결정·환급한다고 정하고 있다.

10 O

「국민기초 연금법」은 1973년에 제정되었다.

11 O

로웬버그와 돌고프의 윤리원칙 적용 순서…생명보호의 원칙→평등과 불평등의 원칙→자율성과 자유의 원칙→최소한손실의 원칙→삶의 질의 원칙→사생활 보호와 비밀보장의 원칙→진실성과 정보개방의 원칙

12 O

아동을 매매하는 행위를 한 자는 10년 이하의 징역에 처한다.

13 X

사회복지실천의 면접은 계약에 의한다.

14 X

위기집단은 일반인구의 하위집단으로 위기에 노출될 위험에 있거나 욕구가 있는 집단이다. 실제 프로그램에 참여하는 집단은 클라이언트 집단이다.

15 X

지역별 다양한 사회복지 서비스 욕구에 탄력적으로 대응하기 쉬운 것은 지방자치단체이다.

16 O

전통적 방법은 지나친 분화와 전문화로 서비스의 파편화 현상을 초래함으로써 다양한 문제와 욕구를 가지고 있는 클라이언트가 여러 기관이나 사회복지사를 찾아다녀야 하는 부담감을 야기시켰기 때문에 통합적 접근방법의 필요성이 대두되었다.

17 O

「노인복지법」 제36조(노인여가복지시설)에 따라 노인여가복지시설은 노인복지관, 경로당, 노인교실로 한다.

18 O

신빈곤은 근로능력이 있어도 일자리가 없거나 경제활동에 참여하고 있어도 실질적인 소득이 낮아 빈곤한 경우이다.

19 O

장애인차별금지 및 권리구제 등에 관한 법률 제4조 제1항 제6호…보조견 또는 장애인보조기구 등의 정당한 사용을 방해하거나 보조견 및 장애인보조기구 등을 대상으로 제4호에 따라 금지된 행위를 하는 경우 법에서 금지하는 차별이라 한다.

20 O

역전이(counter-transference)…사회복지사가 과거에 다른 사람에게서 가졌던 감정을 현재의 클라이언트에게서 느끼고 반응하는 현상을 말한다. 역전이는 전이와 마찬가지로 강한 비현실적 감정이며 긍정적 변화를 방해하고 왜곡시킨다.

1 key word : 사회보장기본법

사회보장급여의 수준에 관해 「사회보장기본법」에는 국가와 지방자치단체는 모든 국민이 건강하고 문화적인 생활을 유지할 수 있도록 사회보장급여의 수준 향상을 위하여 노력하여야 한다고 규정하고 있다. (O/X)

2 key word : 국민연금 급여액 산정

'본인의 최종소득'은 우리나라 국민연금의 급여액 산정에 영향을 미치는 요소이다. (O/X)

3 key word : 시장실패

파생적 외부성이 발생할 경우 시장실패의 원인이 된다. (O/X)

4 key word : 방어기제

방어기제는 스스로를 보호하기 위해 의식적으로 작동되는 심리기제이다. (O/X)

5 key word : 사회복지법인

사회복지법인은 이사 7명 이상과 감사 2명 이상을 두어야 한다. (O/X)

6 key word : 사회복지 실천모델

행동주의모델은 단기개입, 구조화된 접근, 클라이언트의 자기결정권에 대한 존중, 클라이언트의 환경에 대한 개입, 개입의 책임성 등을 강조한다. (O/X)

7 key word : 비에스텍의 7가지 원칙

모든 인간은 독특한 자질과 특성을 가지고 있으며 개별적 욕구를 가지고 있으므로, 사회복지사는 각 클라이언트의 특수성을 이해하고, 다양한 원리와 방법을 활용해야 한다는 내용은 비에스텍의 사회복지실천 관계의 원칙 중 개별화 원칙에 대한 내용이다. (O/X)

8 key word : 스핀햄랜드법

스핀햄랜드법 제정에 따라 구빈세 부담이 줄어들고 노동자의 임금이 상승하였다. (O/X)

9 key word : 사회복지대상

산업화 이전과 산업화 이후의 사회복지 대상에 대한 인식과 범위가 보편성에서 특수성으로 변화되어 왔다. (O/X)

10 key word : 사회복지조직의 일반환경

사회복지조직의 일반환경 중 사회인구학적 조건에는 인구구조, 사회계층, 소득수준, 노동윤리, 가구형태 등이 있다. (O/X)

11 key word : 지역사회복지실천

옹호활동은 개별 사례나 클라이언트 개인의 문제를 다루는 미시적 실천에서는 활용되기 어려우며 주로 지역사회 옹호나 정책옹호를 통해 이루어진다. (O/X)

12 key word : 핀커스 미나한의 사회복지실천 4체계

술만 마시면 폭력적인 남편의 행동을 변화시키기 위해 아내는 사회복지사를 찾아갔다. 이에 사회복지사는 A가정의 아내와 계약을 맺고, 남편의 폭행을 근절시키기 위해 가족치료전문가의 도움을 받아 어제부터 개입하기 시작하였다. 이와 같은 상황에서 아내는 클라이언트체계에 속한다고 할 수 있다. (O/X)

13 key word : 한부모가족지원법

「한부모가족지원법」에 의해 한부모가족은 영양 · 건강에 대한 교육, 건강검진 등의 의료서비스를 지원할 수 있다. (O/X)

14 key word : 사회복지서비스 전달체계

유사한 서비스 제공 기관들의 난립에 따른 선택 장애는 서비스 접근의 장애요인이 된다. (O/X)

15 key word : 리커트 척도

리커트 척도는 다수의 항목으로 인간의 태도 및 속성을 측정하여 응답한 각 항목의 점수를 합산하여 전체적인 특성을 측정하는 방법으로 총화평정척도라고도 한다. 한 문항보다 여러 문항을 하나의 척도로 사용해야 한다는 논리로 사회과학에서 많이 사용된다. (O/X)

16 key word : 사례관리

사례관리자는 대상자의 문제해결을 위해서 클라이언트 개인을 변화시키기 위한 직접적 서비스 제공에 초점을 두고 활동한다. (O/X)

17 key word : 사회보험제도의 역사

미국 사회보장법(1935년)은 노령연금과 실업보험을 도입하였다. (O/X)

18 key word : 로스만의 지역사회복지 실천모델

지역사회개발모델은 자조에 기반하며, 과업목표 지향적이다. (O/X)

19 key word : 사회보장의 최저기준에 관한 조약

국제노동기구(ILO)가 제정한 「사회보장의 최저기준에 관한 조약」의 사회보장 급여에는 의료 · 질병 · 실업 · 노령 · 업무상 재해 · 빈곤 · 가족 · 모성 · 폐질 · 유족 급여가 있다. (O/X)

20 key word : 우리나라 사회복지 역사

우리나라에서는 4대 보험체제 완비, 최저임금제도 도입, 국민기초생활 보장제도 시행, 국민기초생활 보장제도 시행 순으로 사회복지체제가 성립되었다. (O/X)

1 ○

「사회보장기본법」 제10조(사회보장급여의 수준) 제1항…국가와 지방자치단체는 모든 국민이 건강하고 문화적인 생활을 유지할 수 있도록 사회보장급여의 수준 향상을 위하여 노력하여야 한다.

2 ✗

본인의 최종소득은 국민연금의 급여액 산정에 영향을 미치지 않는다.

3 ✗

파생적 외부성은 정부실패의 원인 중 하나로, 정부가 시장에 개입함으로써 발생하는 잠재적 · 비의도적 확산효과나 부작용을 말한다.

4 ✗

방어기제는 무의식적으로 작동되는 심리기제이다.

5 ○

「사회복지사업법」 제18조 제1항…법인은 대표이사를 포함한 이사 7명 이상과 감사 2명 이상을 두어야 한다.

6 ✗

단기개입, 구조화된 접근, 클라이언트의 자기결정권에 대한 존중, 클라이언트의 환경에 대한 개입, 개입의 책임성 등을 강조하는 것은 과제중심모델의 특징이다.

7 ○

비에스텍의 7가지 원칙 중 개별화는 대상자의 문제, 개별성을 인식하여 대상자 한사람 한사람의 특성을 인정해 개별적인 원조를 한다.

8 ✗

스핀햄랜드법은 노동자의 임금 및 생활 개선에는 도움을 주지 못한 채, 고용주들의 임금 인하와 노동자들의 근로의욕 저하 등을 초래하였고 그로 인해 구빈세 지출이 급증했다.

9 ✗

특수성에서 보편성으로 변화되어 왔다. 산업화 이전의 사회복지 대상이 빈민에 한정되었다면, 산업화 이후의 사회복지 대상은 전 국민으로 인식과 범위의 변화가 있었다.

10 ✗

사회인구학적 조건에 노동윤리는 포함되지 않는다.

11 ✗

자기옹호, 개인옹호 등 옹호활동은 개별 사례나 클라이언트 개인의 문제를 다루는 미시적 실천에서도 활용될 수 있다.

12 ○

사회복지사를 찾아가 도움을 요청하고 계약을 맺은 아내는 클라이언트체계, 변화의 대상이 되는 남편은 표적체계에 해당한다.

13 ✗

「한부모가족지원법」 제2장 복지의 내용과 실시에는 영양 · 건강에 대한 교육, 건강검진 등의 의료서비스 지원에 관한 내용은 규정되어 있지 않다.

14 ✗

유사한 서비스 제공 기관들의 난립에 따른 선택 장애는 클라이언트의 개인적 특성으로 보는 것이 적절하다.

15 ○

리커트 척도…반응자들이 주어진 문장에 얼마나 동의하는지를 척도에 표시하도록 하여 특정 주제에 대한 반응자의 태도를 알아보는 평정 척도를 말한다.

16 ✗

사례관리자는 대상자의 문제해결을 위해서 클라이언트 개인을 변화시키기 위한 직 · 간접적인 서비스를 통합적으로 제공하는 것에 초점을 두고 활동한다.

17 ○

1934년 6월 루즈벨트 대통령은 국민생활보장제도의 연구를 주임무로 하는 위원회를 설치하였고, 1935년 8월 15일 '사회보장법(Social Security Act)'을 제정 · 공포하였다. 이 사회보장법의 사회보험 프로그램에는 연방 노령보험체계, 연방과 주가 함께 하는 실업보상제도가 있다.

18 ✗

지역사회개발모델은 자조에 기반하며, 과정목표 지향적이다.

19 ✗

국제노동기구(ILO)가 제정한 「사회보장의 최저기준에 관한 조약」의 사회보장 급여에 빈곤은 해당되지 않는다.

20 ✗

최저임금제도 도입(1986년 최저임금법 제정, 1988년 적용)→4대 사회보험체제 완비(1995년)→국민기초생활 보장제도 시행(2000년)→국민기초생활 보장제도 시행(2005년 저출산 · 고령사회기본법 제정, 2006년 기본계획 및 시행계획)

1 key word : 사회복지의 대상

선별주의는 자산이나 욕구에 관계없이 특정 범주에 속한 모든 사람이 급여나 서비스를 받을 수 있음을 의미한다. (O/X)

2 key word : 카두신의 아동복지서비스

가정위탁은 카두신이 제시한 아동복지서비스의 유형 중 지지적 서비스에 해당한다. (O/X)

3 key word : 청소년 기본법

「청소년 기본법」에 의한 청소년의 연령은 9세 이상 24세 이하이다. (O/X)

4 key word : 사회복지사의 역할

조력자는 클라이언트가 어려움에 스스로 대처하도록 그의 문제해결능력을 향상시키고 자원을 찾아 회복하게 하는 역할로서, 사회복지사가 이러한 변화를 일으키는 것이 아니라 클라이언트가 자신의 노력으로 변화되는 경험을 하도록 돕는 것이 중요하다. (O/X)

5 key word : 드림스타트 사업

드림스타트는 아동과 가족을 대상으로 맞춤형 통합서비스 제공한다. (O/X)

6 key word : 확률표집방법

할당표집은 확률표집방법에 해당한다. (O/X)

7 key word : 에스핑－앤더슨의 복지국가 유형

에스핑－앤더슨(Esping-Andersen)의 복지국가 유형에 따르면 스웨덴 등 북유럽 복지국가 모델은 탈상품화의 정도가 가장 낮은 것으로 평가된다. (O/X)

8 key word : 잔여적 사회복지

잔여적 사회복지는 사회복지 대상자에 대한 낙인감(stigma)을 수반하지 않는 것을 기본전제로 한다. (O/X)

9 key word : 리머의 윤리적 의사결정

개인의 자기결정권은 그 자신의 기본적 복지권보다 우선한다. (O/X)

10 key word : 현물급여

무제한 선택의 자유를 보장함으로써 비합리적 선택의 문제를 방지할 수 있는 것은 현물급여의 장점이다. (O/X)

11 key word : 사회복지 프로그램 성과목표 설정

사회복지 프로그램의 성과목표 설정 시 목표는 과정지향적이어야 한다. (O/X)

12 key word : 과제중심모델

과제중심모델은 리드(Reid)와 엡스타인(Epstein)이 대표적 학자이고, 클라이언트가 인식한 문제에 초점을 둔 단기개입을 한다. (O/X)

13 key word : 사회복지실천에서 관계형성 및 유지 기술

통제된 정서적 관여를 위해 사회복지사는 클라이언트가 과도한 정서를 표출하지 않도록 통제해야 한다. (O/X)

14 key word :

다문화가족의 적응력 향상을 위한 한국문화체험 프로그램을 논리모델(logic model)로 구성하였을 때 산출 과정에는 '교육이수자 ○○명, 교육이수 ○○시간, 자격취득자 ○○명'의 요소가 해당된다. (O/X)

15 key word : 사례관리

사례관리는 서비스 비용의 증대를 추구한다. (O/X)

16 key word : 자선조직협회와 인보관운동

자선조직협회는 빈곤의 원인을 사회구조적인 책임으로, 인보관운동은 개인의 책임으로 보았다. (O/X)

17 key word : 사회복지실천모델

위기개입모델은 초점화된 단기개입으로 클라이언트의 심리 내적 변화에 일차적인 목표를 둔다. (O/X)

18 key word : 우리나라 사회복지사 윤리강령

사회복지사는 사회정의 실현과 클라이언트의 복지 증진에 헌신하며, 이를 위한 환경 조성을 국가와 사회에 요구해야 한다. (O/X)

19 key word : 공공부조

사회보험에 비해 공공부조는 수직적인 소득재분배 효과가 높다. (O/X)

20 key word : 반두라의 사회학습이론

반두라의 사회학습이론에서 모방, 열등감, 조작적 조건화 등이 주요 개념이다. (O/X)

1 X

보편주의는 자산이나 욕구에 관계없이 특정 범주에 속한 모든 사람이 급여나 서비스를 받을 수 있음을 의미한다.

2 X

대리적 서비스는 정상적 가정을 유지하기 어려울 때, 부모 양육을 일시적 혹은 영구적으로 대리해 주는 서비스로 가정위탁은 대리적 서비스에 해당한다.

3 O

청소년이란 9세 이상 24세 이하인 사람을 말한다. 다만, 다른 법률에서 청소년에 대한 적용을 다르게 할 필요가 있는 경우에는 따로 정할 수 있다〈청소년 기본법 제3조 제1호〉.

4 O

제시된 내용은 조력자로서의 사회복지사의 역할에 대한 설명이다. 사회복지사는 중개자, 조력자, 교육자, 중재자, 옹호자 등 다양한 역할을 수행한다.

5 O

드림스타트는 취약계층 아동에게 맞춤형 통합서비스를 제공하여 아동의 건강한 성장과 발달을 도모하고 공평한 출발기회를 보장함으로써 건강하고 행복한 사회구성원으로 성장할 수 있도록 지원하는 사업이다.

6 X

※ 확률표집방법과 비확률표집방법의 예

   ⓐ 확률표집방법 : 단순무작위표집, 체계적 표집, 집락표집, 층화표집 등

   ⓑ 비확률표집방법 : 할당표집, 편의표집, 유의표집, 눈덩이표집 등

7 X

스웨덴 등 북유럽 복지국가 모델은 탈상품화의 정도가 가장 높은 것으로 평가된다.

8 X

제도적 사회복지는 사회복지 대상자에 대한 낙인감을 수반하지 않는 것을 기본전제로 한다.

9 O

리머의 윤리적 결정지침…리머는 사회복지실천 현장에서 직면하는 윤리적 갈등의 유형을 분류하고 각각 사회복지사가 우선적으로 고려해야 하는 윤리적 가치와 그에 근거한 근무 및 행위를 제시하였다. 이에 따르면 어떤 개인이 가지는 자기결정에 관한 권리는 자신의 기본적인 안녕에 대한 권리에 우선한다.

10 X

현물급여는 복지서비스를 현물의 형태로 제공하는 것으로 선택의 자유를 제한한다는 단점이 있다. 선택의 자유를 보장하는 것은 현금급여이다.

11 X

성과목표는 사회복지 프로그램을 통해 클라이언트가 변화된 결과를 나타내는 최종적인 목표이고 과정목표는 최종 목표를 달성하기 이전에 사회 복지 프로그램의 수행과정별로 설정하는 과정상의 목표이다.

12 O

과제중심모델은 리드와 엡스타인 등에 의해 소개된 것으로 클라이언트가 인식한 문제에 초점을 둔 단기 개입을 한다. 클라이언트가 자신에게 주어진 행동적 과업을 통해 스스로 문제를 해결할 수 있도록 돕는 실천방법이다.

13 X

통제된 정서적 관여는 클라이언트의 감정을 통제하는 것이 아니라 클라이언트 감정에 대하여 그 표현한 감정에 대해 사회복지사가 민감하게 이해하고 정서적으로 적절한 반응으로 대하는 것을 말한다.

14 O

산출 과정에서는 프로그램 활동의 직접적 결과물 및 실적 등이 포함되므로 '교육이수자 ○○명, 교육이수 ○○시간, 자격취득자 ○○명'의 요소가 해당된다.

15 X

사례관리는 서비스 비용 절감을 추구한다.

16 X

자선조직협회는 빈곤의 원인을 개인의 책임으로 인보관 운동은 사회구조적인 책임으로 보았다.

17 X

위기개입모델은 초점화된 단기개입으로 클라이언트의 증상의 완화에 일차적인 목표를 둔다.

18 O

사회복지사의 기본적 윤리기준 중 전문가로서의 자세에 해당하는 내용이다.

19 O

공공부조는 생활유지능력이 없거나 생활이 어려운 국민의 최저생활을 보장하고 자립을 지원하는 제도로 소득재분배 효과가 높다.

20 X

열등감은 아들러의 개인심리이론의 주요 개념이고, 조작적 조건화는 스키너의 행동주의이론의 주요 개념이다.

1 key word : 강점 관점

강점 관점에서는 클라이언트의 문제를 사정하고 해결하기 위해 과거를 중요하게 본다. (O/X)

2 key word : 엘리자베스 구빈법

1601년 엘리자베스 구빈법은 노동능력에 따라 빈민을 구분하고 차등적으로 처우하였다. (O/X)

3 key word : 인보관운동

인보관운동은 빈곤가정에 우애방문자를 파견함으로써 문제를 해결하고자 하였다. (O/X)

4 key word : 로스만의 지역사회복지 실천모델

로스만이 제시한 지역사회복지 실천모델은 지역사회보호모델, 사회계획(및 정책)모델, 사회행동모델이다. (O/X)

5 key word : 핀커스와 미나한의 4체계 모델

핀커스와 미나한의 클라이언트체계는 변화노력을 달성하기 위해 상호작용하는 모든 체계들을 의미한다. (O/X)

6 key word : 사회복지실천의 전문적 윤리

사회복지사 A는 신입사회복지사 B의 이야기를 듣고 상사에게 보고해야 하는지에 대한 고민이 생겼다. 동료사회복지사 C가 신입사회복지사 B에게 자신의 프로그램 운영에 필요한 자료 제작을 지시하였을 뿐만 아니라, 개인적인 대학원 과제도 시키는 일이 있어 어떻게 해야 할지 난감하다고 하였기 때문이다. 이에 사회복지사 A는 전문적 동료관계에 대한 윤리적 고민을 할 수 있다. (O/X)

7 key word : 로웬버그와 돌고프의 윤리적 원칙 심사표

로웬버그와 돌고프의 윤리적 원칙의 최우선순위는 생명보호의 원칙이다. (O/X)

8 key word : 노인복지법

「노인복지법」상 노인복지시설에는 노인주거복지시설, 노인의료복지시설, 재가노인복지시설, 노인보호전문기관, 노인여가복지시설 등이 있다. (O/X)

9 key word : 에릭슨의 심리사회적 발달 단계

에릭슨(Erikson)의 심리사회적 발달 단계에서 제6단계(성인초기)의 심리사회적 위기는 친밀감 대 고립감이다. (O/X)

10 key word : 공적연금

대표적인 4대 공적연금 중 가장 먼저 시행된 것은 군인연금이다. (O/X)

11 key word : 행동주의모델 치료기법

행동주의모델의 치료기법에는 체계적 둔감화, 자기주장훈련, 자유연상, 이완훈련 등이 있다. (O/X)

12 key word : 장애인복지의 이념

정상화는 장애인만의 생활방식과 리듬을 강조하면서 장애인이 정상적인 발달경험을 할 수 있도록 시설에 보호하는 것이다. (O/X)

13 key word : 제도적 사회복지

제도적 사회복지는 사회문제에 대한 사회적 책임을 강조한다. (O/X)

14 key word : 국민기초생활 보장법

이 법에 따른 급여는 부양의무자의 부양과 다른 법령에 따른 보호에 우선하여 행하여지는 것으로 한다. (O/X)

15 key word : 길버트와 테렐의 사회복지정책 분석틀

길버트와 테렐의 사회복지정책 분석틀을 구성하는 주요 선택의 차원에서 급여는 재정마련의 방법에 관한 것으로 공공, 민간, 혼합 형태가 있다. (O/X)

16 key word : 내적 타당도

통계적 회귀는 사회복지조사에서 내적 타당도의 저해하는 요인이 된다. (O/X)

17 key word : 사회복지 정책결정모형

사회복지 정책결정모형에서 만족모형은 정책결정 과정에서 모든 정책대안이 다 고려되지 않고 고려될 수도 없다고 본다. (O/X)

18 key word : 로마니쉰의 사회변화에 따른 사회복지 개념의 변화

로마니쉰은 사회변화에 따라 사회복지의 개념은 최적생활 보장에서 최저생활 보장으로 변화했다고 주장했다. (O/X)

19 key word : 사회보장기본법

사회보장이란 출산, 양육, 실업, 노령, 장애, 질병, 빈곤 및 사망 등의 사회적 위험으로부터 모든 국민을 보호하고 국민 삶의 질을 향상시키는 데 필요한 소득·서비스를 보장하는 사회보험, 공공부조, 사회서비스를 말한다. (O/X)

20 key word : 집단사회복지실천

집단문화는 특정 성원이 집단 내에서 수행해야 할 구체적인 과업이나 기능과 관련된 행동을 의미한다. (O/X)

1 X

클라이언트의 문제를 사정하고 해결하기 위해 과거를 중요하게 보는 것은 프로이트의 정신분석이론과 관련된 설명이다. 강점 관점(strength perspective)은 클라이언트의 강점을 중심으로 해결 중심 접근을 중요하게 본다.

2 O

노동능력이 있는 빈민은 교정원이나 작업장에 수용하여 노동을 하게 하였고, 이들에 대한 자선을 금지하고, 이주도 제한하였다.

3 X

빈곤가정에 우애방문자를 파견함으로써 문제를 해결하고자 하였던 것은 자선조직협회이다.

4 X

로스만이 제시한 지역사회복지 실천모델은 지역사회개발모델, 사회계획(및 정책)모델, 사회행동모델이다. 지역사회보호모델은 포플이 제시한 지역사회복지 실천모델이다.

5 X

변화노력을 달성하기 위해 상호작용하는 모든 체계들을 의미하는 것은 행동체계이다. 클라이언트체계는 클라이언트와 그 문제 해결에 잠재적 영향을 주는 환경에 있는 사람들을 의미한다.

6 O

사회복지사 A는 동료사회복지사인 C와의 전문적 동료관계에 대한 윤리적 고민을 겪을 수 있다.

7 O

로웬버그&돌고프의 윤리원칙 1순위는 생명보호의 원칙, 2순위는 평등과 불평등의 원칙, 3순위는 자율성과 자유의 원칙, 4순위는 최소 해악의 원칙, 5순위는 삶의 질의 원칙, 6순위는 사생활과 비밀보장의 원칙, 7순위는 진실성과 완전공개의 원칙이다.

8 O

노인복지시설의 종류〈노인복지법 제31조〉…노인주거복지시설, 노인의료복지시설, 노인여가복지시설, 재가노인복지시설, 노인보호전문기관, 노인일자리지원기관, 학대피해노인 전용쉼터

9 O

에릭슨의 심리사회적 발달 단계의 제6단계는 성인초기 시기로 친밀감 대 고립감이다.

10 X

대표적인 4대 공적연금 중 가장 먼저 시행된 것은 1960년에 제정·시행된 공무원연금이다. 군인연금은 1963년에 제정·시행되었다.

11 X

자유연상은 프로이트의 정신분석이론과 관련 있다.

12 X

정상화는 일상적이고 정상적인 생활방식과 리듬을 강조하면서 장애인이 정상적인 발달경험을 할 수 있도록 탈시설보호 또는 지역사회보호를 추구한다.

13 O

제도적 사회복지는 전국민을 대상으로 하며 사회문제에 대해 사회구조적, 국가적 책임을 강조한다.

14 X

부양의무자의 부양과 다른 법령에 따른 보호는 이 법에 따른 급여에 우선하여 행하여지는 것으로 한다. 다만, 다른 법령에 따른 보호의 수준이 이 법에서 정하는 수준에 이르지 아니하는 경우에는 나머지 부분에 관하여 이 법에 따른 급여를 받을 권리를 잃지 아니한다〈국민기초생활 보장법 제3조(급여의 기본원칙) 제2항〉.

15 X

급여는 현금, 현물, 바우처, 기회 등의 형태가 있다. 재정은 재정마련의 방법에 관한 것으로 공공, 민간, 혼합 형태가 있다.

16 O

내적 타당도를 저해하는 요인으로는 통계적 회귀, 도구 효과, 외부 사건, 성장 요인, 검사 요인, 상실 요인 등이 있다.

17 O

만족모형은 제한된 합리성을 전제로 여러 대안 중에서 현실적으로 가장 만족스러운 대안을 선택한다.

18 X

로마니쉰에 따르면 사회복지의 개념은 사회변화에 따라 최저 조건의 조성에서 최적(最適) 조건의 조성으로 변화하였다.

19 O

「사회보장기본법」 제3조 제1호의 내용이다.

20 X

집단문화는 집단 구성원 사이에 존재하는 공통적인 가치나 신념, 전통 등을 의미한다.

1 key word : 자조집단

자조집단을 만드는 동기는 상부상조이다. (O/X)

2 key word : 사회복지시설

노인여가복지시설은 사회복지시설 중 이용시설에 해당한다. (O/X)

3 key word : 사회복지급여 수급권

사회복지급여 수급권은 행정기관의 재량행위에 의해 인정된다. (O/X)

4 key word : 급여체계

「장애인고용촉진 및 직업재활법」의 장애인의무고용은 급여형태 중 기회에 해당한다. (O/X)

5 key word : 소득재분배

공적연금제도의 재정조달방식에서 적립방식은 부과방식보다 세대 간 재분배 효과가 더 뚜렷하게 나타난다. (O/X)

6 key word : 사회복지실천모델

해결중심모델은 인간은 누구나 문제해결능력을 가지고 있으며, 변화는 불가피하다는 것을 가정한다. (O/X)

7 key word : 임계경로

임계경로란, 여러 단계의 과정을 거치는 작업에서 그것을 완성하려면 여러 과정의 경로가 동시에 수행되어야 한다고 할 때, 그중 가장 짧은 경로를 말한다. (O/X)

8 key word : 신사회적 위험

테일러-구비는 '여성의 경제활동참여 증가에 따른 일-가정 양립의 어려움'이 신사회적 위험이 발생하는 원인이 된다고 주장하였다. (O/X)

9 key word : 리더십 이론

허시와 블랜차드(Hersey & Blanchard)의 상황이론에서는 리더십 유형의 유효성을 높일 수 있는 상황조절변수로 리더의 성숙도를 들고 있다. (O/X)

10 key word : 방어기제

취소는 보상과 속죄의 행위를 통해 죄책감을 일으키는 충동이나 행동을 중화 또는 무효화하는 것이다. (O/X)

11 key word : 우리나라의 가족생활주기

최근 우리나라는 새로운 가족유형이 나타나면서 가족생활주기별 구분이 보다 더 뚜렷해지고 있다. (O/X)

12 key word : 델파이 기법

델파이 기법은 전문가들에게 우편으로 의견이나 정보를 수집한 후, 분석한 결과를 다시 응답자들에게 보내 의견을 묻는 방식이다. (O/X)

13 key word : 마셜의 시민권

시민권은 사회권, 참정권, 공민권의 순서로 발달하였다. (O/X)

14 key word : 클라이언트의 고지된 동의

클라이언트를 대상으로 연구하는 사회복지사는 클라이언트로부터 고지된 동의를 얻을 필요가 없다. (O/X)

15 key word : 로렌츠 곡선

한 사회의 모든 구성원의 소득이 같다면 지니계수는 1이 된다. (O/X)

16 key word : 컴튼과 갤러웨이의 6체계이론

알코올중독자인 남편 甲은 술만 먹으면 배우자인 乙에게 폭력을 행사한다. 이를 견디다 못한 乙은 사회복지사 丙을 찾아가 甲의 알코올중독에 따른 가정폭력 문제를 호소하였다. 丙은 乙의 문제를 함께 해결해 가기 위해 계약을 맺고, 甲의 가정폭력을 해결할 수 있는 방안을 찾기로 했다. 이때 乙은 클라이어트체계에 해당한다. (O/X)

17 key word : 사회보험 급여

甲은 4대 사회보험(국민건강보험, 산업재해보상보험, 고용보험, 국민연금)이 적용되는 제조업체에서 일하는 30대 정규직 근로자이다. 甲은 휴일에 중학교 동창 친구들과 나들이를 갔다가 손목을 다쳤다. 장애 판정을 받을 만큼 심각하지 않았기 때문에, 퇴근 후 거주지 부근 정형외과를 다니며 치료를 받았다. 업무를 수행할 때 약간 불편하지만, 일을 그만둘 정도는 아니므로 현재 정상적으로 근무하는 중이다. 이때 甲에게 국민건강보험에 의한 요양급여가 적용된다. (O/X)

18 key word : 단일사례조사

단일사례조사 결과 분석 방법 가운데 경향선 접근은 기초선이 안정적일 때 사용한다. (O/X)

19 key word : 사회복지조직이론

사회복지서비스의 질은 객관성 있게 측정될 수 있기 때문에 총체적품질관리(TQM:Total QualityManagement)는 사회복지조직에 적용하기에 적합한 관리기법이다. (O/X)

20 key word : 사회복지 관련 법

다음 법은 「청소년복지지원법」→「장애인차별금지 및 권리구제 등에 관한 법률」→「학교 밖 청소년 지원에 관한 법률」→「사회보장급여의 이용·제공 및 수급권자 발굴에 관한 법률」의 순으로 제정되었다. (O/X)

1 O

공통된 문제에 대해 이야기하고 격려하며 서로 도움을 주고받는 집단이다.

2 O

사회복지시설은 이용 방법에 따라 생활시설과 이용시설로 구분한다. 노인여가복지시설은 이용시설, 아동양육시설, 장애인거주시설, 모자가족복지시설은 생활시설이다.

3 X

사회복지급여 수급권은 법률에 의해 인정된다.

4 O

기회는 무형의 급여로, 어떤 개인이나 집단에 대해 이전에는 부정되었던 급여에 대해서 접근을 가능하게 만드는 것이다. 예를 들어, 장애인에 대한 운전면허 교부조항을 변경하는 것과 같은 것이다.

5 X

부과방식은 당해 연도에 필요한 급여재원을 그 해의 연금가입자에게 부과하는 세금이나 기여금 등으로 조달해서 지급하는 방식이다. 즉, 현 세대 노령층의 급여비용을 현세대 근로계층이 부담하는 방식으로 적립방식보다 세대 간 재분배 효과가 더 뚜렷하게 나타난다.

6 O

해결중심모델은 인간은 누구나 문제해결능력을 가지고 있으며, 변화는 불가피하다는 것을 가정하며 예외 질문, 관계성 질문과 같은 개입 기술을 사용한다.

7 X

임계경로란, 여러 단계의 과정을 거치는 작업에서 그것을 완성하려면 여러 과정의 경로가 동시에 수행되어야 한다고 할 때, 그중 가장 긴 경로를 말한다.

8 O

테일러-구비에 의하면 맞벌이 부부의 증가와 여성교육의 향상으로 여성들의 노동시장 참여가 급증하면서 일과 가정을 양립하기 어려운 저숙련 여성층에서 신사회위험이 나타난다.

9 X

허시와 블랜차드의 상황이론에서는 리더십 유형의 유효성을 높일 수 있는 상황조절변수로 부하의 성숙도를 들고 있다.

10 O

취소는 자신의 욕구와 행동으로 인하여 타인에게 피해를 주었다고 느낄 때, 원상복구하려는 일종의 속죄 행위이다.

11 X

이혼 및 재혼 가족, 한부모가족, 비혈연가족, 1인 가족 등 새로운 가족유형이 나타나면서 가족생활주기별 구분이 점차 모호해지고 있다.

12 O

델파이 기법은 어떤 주제에 대해 전문가들의 합의를 얻으려고 할 때 적용될 수 있다. 전문가들에게 우편으로 의견이나 정보를 수집한 후, 분석한 결과를 다시 응답자들에게 보내 의견을 묻는 방식이다. 전문가가 자유로운 시간에 의견을 제시할 수 있는 장점이 있지만, 시간이 많이 걸리고 반복하는 동안 응답자의 수가 줄어드는 문제가 있다.

13 X

시민권은 공민권(18세기), 참정권(19세기), 사회권(20세기 중반)의 순서로 발달하였다.

14 X

클라이언트를 대상으로 연구하는 사회복지사는 클라이언트로부터 고지된 동의를 얻어야 한다.

15 X

지니계수는 소득분배의 불평등도를 나타내는 수치로, 0에 가까울수록 소득분포가 평등하다고 보며 1에 가까울수록 불평등하다고 본다. 한 사회의 모든 구성원의 소득이 같다면 지니계수는 0이 된다.

16 O

甲은 표적체계, 乙은 클라이언트체계, 丙은 변화매개체계에 해당한다.

17 O

甲은 퇴근 후 거주지 부근 정형외과를 다니며 치료를 받고 있으므로 국민건강보험에 의한 요양급여가 적용된다.

18 X

단일사례조사 결과 분석 방법 가운데 경향선 접근은 기초선이 불안정하여 단순 평균 비교가 곤란할 때 사용한다.

19 X

사회복지서비스의 질은 객관성 있게 측정할 수 없기 때문에 총체적품질관리를 적용하기에 적합하지 않다.

20 O

「청소년복지지원법」2004. 2. 9 제정→「장애인차별금지 및 권리구제 등에 관한 법률」2007. 4.10 제정→「학교 밖 청소년 지원에 관한 법률」2014. 5. 28 제정→「사회보장급여의 이용·제공 및 수급권자 발굴에 관한 법률」2014. 12. 30 제정

1 key word : 사회복지관 사업
사회복지관 사업의 3대 기능분야는 사례관리기능, 서비스제공기능, 지역조직화기능이다. (O/X)

2 key word : 질적 연구
질적 연구는 과학적 실증주의(positivism)를 기반으로 한다. (O/X)

3 key word : 노인장기요양보험
노인장기요양보험은 65세 미만이어도 요양등급을 받으면 혜택을 받을 수 있다. (O/X)

4 key word : 사회복지실천의 사정도구
가계도는 가족과 환경체계의 관계를 다양한 선으로 표현함으로써 가족과 환경체계 간의 상호작용 양상을 파악할 수 있다. (O/X)

5 key word : 사례관리자의 관점
'힘든 역경 속에서도 지금까지 어떻게 그렇게 버티어 올 수 있었나요?', '어려운 상황에서도 나에게 조금이라도 도움이 되어준 것은 무엇이었나요?'과 같은 질문을 하는 사례관리자의 관점은 강점 관점이다. (O/X)

6 key word : 자선조직협회
자선조직협회는 개별사회사업(casework) 발전과 과학적 자선(scientific charity)에 기여했으며, 사회조사(social survey) 기술의 발전 도모하였다. (O/X)

7 key word : 길버트와 테렐의 할당의 원리
귀속적 욕구는 욕구에 대한 경제적 기준에 근거한 집단지향적 할당 원칙으로 도시재개발에 의해 피해를 입은 사람 등이 그 사례이다. (O/X)

8 key word : 로스만의 지역사회복지실천 모델
사회계획모델은 지역사회 내 권력과 자원의 재분배, 사회적 약자에 대한 의사결정의 근성을 강화함으로써 지역사회의 변화에 초점을 두고 있다. 따라서 갈등, 대결, 직접적 행동, 협상 등의 전술을 사용한다. (O/X)

9 key word : 아동복지
지지적 서비스는 가정을 이탈한 아동이 다른 체계에 의해 보호를 받는 동안 부모를 지원하여 가족 기능을 강화하도록 하는 상담서비스이다. (O/X)

10 key word : 에스핑–앤더슨의 복지국가 유형
에스핑–앤더슨의 복지국가 유형 중 사회민주주의 복지체제에서는 선별주의와 자조의 원칙에 따라 탈상품화 효과가 크다. (O/X)

11 key word : 선별적 사회복지
선별적 사회복지는 예외주의 이념에 기반을 두고 있으며 사회복지의 대상을 사회적 약자나 요보호대상자로 한정한다. (O/X)

12 key word : 우리나라의 노후 소득보장정책
국민기초생활보장제도는 공공부조 프로그램으로 선별주의 제도이다. (O/X)

13 key word : 면담 기법
클라이언트의 입장에 감정을 이입하여 이해하고 이를 표현하는 능력은 공감, 사회복지사가 신뢰를 표현함으로써 클라이언트의 자신감을 향상시키는 기법은 재명명이다. (O/X)

14 key word : 사회복지부문의 통합 전산 정보시스템
사회복지시설정보시스템은 민간부문의 사회복지서비스기관들이 생산하는 자료들을 직접 수집하지 않는다. (O/X)

15 key word : 노인복지법
노인복지법상 양로시설, 노인공동생활가정, 노인복지주택은 노인주거복지시설에 해당한다. (O/X)

16 key word : 비에스텍의 사회복지실천 관계의 기본원칙
자기결정은 사회복지사는 실천과정에 클라이언트가 함께 참여하도록 하고, 그의 능력에 상관없이 클라이언트 스스로 모든 사항을 직접 결정할 수 있도록 원조해야 한다. (O/X)

17 key word : 학교사회복지 접근모델
학교–지역사회–학생관계모델은 학생들이 경험하는 문제를 사회적 상황의 특징으로 바라보는 관점이다. (O/X)

18 key word : 사회복지정책결정 모형
점증모형은 기존의 정책에 기반한 약간의 정책 개선이나 수정을 강조하는 정책결정모형으로 이상적·경제적 합리성보다는 시민의 지지를 얻을 수 있는 정치적 합리성을 더 추구하는 모형이라 할 수 있다. (O/X)

19 key word : 임계경로
임계경로란, 여러 단계의 과정을 거치는 작업에서 그것을 완성하려면 여러 과정의 경로가 동시에 수행되어야 한다고 할 때, 그중 가장 긴 경로를 말한다. (O/X)

20 key word : 사회복지 전달체계
약물중독문제를 가지고 있는 실업자인 한부모 A는 딸 B를 주간보호센터에 맡기고, 본인은 약물재활치료를 받은 후 나머지 시간에 자활 근로훈련을 받는다. 만약 주간보호센터와 재활클리닉, 훈련프로그램이 각각 다른 장소와 일정으로 운영되어 중복의 문제가 발생한다면 이는 단편성 문제이다. (O/X)

1 O

〈사회복지사업법 시행규칙 별표3〉에 따라 사회복지관 사업의 3대 기능분야는 사례관리기능, 서비스제공기능, 지역조직화기능이다.

2 X

양적 연구에 대한 설명이다.

3 O

노인장기요양보험법에서 "노인등"이란 65세 이상의 노인 또는 65세 미만의 자로서 치매·뇌혈관성질환 등 대통령령으로 정하는 노인성 질병을 가진 자를 말한다.

4 X

가족 및 가족구성원과 환경간의 상호작용을 그림으로 나타낸 것은 생태도이다.

5 O

제시된 사례관리자는 클라이언트의 다양성을 인정하고 강점에 초점을 두고 역량 실현을 돕는 강점 관점이다.

6 O

자선조직협회는 개인변화를 주창하여 개별사회사업에 영향을 미쳤다. 또한 단순한 구호 활동을 넘어 합리적이고 효율적인 자선, 즉 과학적 자선을 지향하였다. 방문조사, 환경조사 등을 실시하여 사회조사 기술의 발전을 도모하였다.

7 X

귀속적 욕구는 기존의 제도에 의해서는 충족되지 않는 욕구를 가진 집단 모두를 대상자로 선정하는 규범적 판단에 의한 범주적 할당 원칙으로 국민건강보험제도, 기초노령연금, 아동수당 등이 그 사례이다.

8 X

사회행동모델에 대한 설명이다. 사회계획모델은 사회문제를 해결하고자 하는 계획적 과정을 강조하며, 지역사회가 해결하고자 하는 문제에 대한 전문지식을 가지고 합리적이고 과학적인 대안을 제시하고 실행한다.

9 X

지지적 서비스는 기본적으로 가족관계를 유지하면서 부모와 아동이 각자의 역할을 효율적으로 수행할 수 있도록 지지하여 가족 기능을 강화하도록 하는 서비스이다.

10 X

사회민주주의 복지체계에서는 보편주의와 평등의 원칙에 따라 탈상품화 효과가 크다.

11 O

선별적 사회복지는 서비스 제공시에 대상자의 수급자격이나 조건 등을 고려하여 유한의 자원을 효율적으로 분배하기 위해 바람직한 방법이다.

12 O

국민기초생활보장제도는 빈곤층을 대상으로 국민의 최저생활을 보장해주는 제도로 선별주의 제도이다.

13 X

사회복지사가 신뢰를 표현함으로써 클라이언트의 자신감을 향상시키는 기법은 재보증이다.

14 X

사회복지시설정보시스템은 통합업무관리시스템으로 국민, 업무종사자(민간), 공무원, 연계기관 등이 정보를 공유한다.

15 O

노인복지시설의 종류〈노인복지법 제31조, 제32조〉
노인주거복지시설 : 양로시설, 노인공동생활가정, 노인복지주택

16 X

자기결정은 사회복지사는 실천과정에 클라이언트가 함께 참여하도록 하고, 모든 사항을 직접 결정할 수 있도록 원조해야 한다는 원칙이다. 단, 클라이언트의 정신적 능력에 한계가 있거나, 클라이언트가 원하는 것이 법률 또는 도덕에 위배되는 경우 등에는 자기결정이 제한될 수 있다.

17 O

학교-지역사회-학생관계모델…학생들이 경험하는 문제를 사회적 상황의 특징으로 바라보는 관점으로 특정 학생집단과 그들이 속한 상황에 관심을 가진다.

18 O

점증모형은 정치적 합리성을 전제로 과거의 정책결정을 기초로 하여 약간의 변화를 추구하면서 새로운 정책대안을 검토하고 점증적으로 수정하는 과정을 거친다고 본다.

19 O

여러 단계의 과정을 거치는 작업에서 그것을 완성하려면 여러 과정의 경로가 동시에 수행되어야 한다고 할 때, 그중 가장 긴 경로. 즉, 전체 공정 중 시간이 가장 많이 걸리는 경로이다.

20 O

각각의 사회복지 급여가 문제해결에 도움은 되지만 전체적으로 상호 연결이 부족하여 정책목표 달성에 어려움이 있는 문제를 단편성이라 한다.

1 key word : 품목예산
품목예산은 서비스 효율성에 대한 정보를 알기 어렵다. (O/X)

2 key word : 사회보장기본법
평생사회안전망이란 생애주기에 걸쳐 보편적으로 충족되어야 하는 기본욕구와 특정한 사회위험에 의하여 발생하는 특수욕구를 동시에 고려하여 소득 및 서비스를 보장하는 맞춤형 사회보장제도를 말한다. (O/X)

3 key word : 노인장기요양보험
노인장기요양보험법 상 장기요양1등급은 장기요양점수가 최소 65점 이상이다. (O/X)

4 key word : 국민기초생활보장제도
국민기초생활보장제도에서 급여수준은 소득인정액과 상관없다. (O/X)

5 key word : 사회보장 관련 법
질병, 노령 등으로 생활능력이 없는 국민은 법률이 정한 바에 따라 국가의 보호를 받는다. (O/X)

6 key word : 로웬버그와 돌고프의 윤리원칙심사
로웬버그와 돌고프의 제4윤리원칙은 자기결정의 원칙이다. (O/X)

7 key word : 슈퍼비전
슈퍼비전은 사회복지사의 위상을 확립하고 권익을 실현하는 기능을 한다. (O/X)

8 key word : 사회복지조사방법
관찰 조사법은 대상자의 행동을 현장에서 직접 포착할 수 있다. 대상자가 면접을 거부하거나 비협조적인 경우에 가능하며 대상자에게 질문을 통해 자료를 얻을 수 없을 때 가능하다. (O/X)

9 key word : 사회복지통합관리망(행복e음)
행복e음은 국민이 필요할 때 언제든지 도움을 요청할 수 있는 체계구성을 위해 만들어졌으며, 보건복지 관련 상담 및 안내서비스를 원스톱으로 제공하기 위하여 희망의 전화가 개통되었다. (O/X)

10 key word : 사회복지의 제도적 개념
사회복지의 제도적 개념에 따르면 절대적 빈곤의 개념에 따라 빈곤수준을 낮게 책정한다. (O/X)

11 key word : 1834년 개정 구빈법
1834년 개정 구빈법에 따르면 국가로부터 부조를 받는 자의 처우는 최하층 노동자의 생활조건보다 낮아야 한다. (O/X)

12 key word : 공공부조의 원리
보충성의 원리는 공공부조를 시행할 때 무엇보다 먼저 수급자가 갖고 있는 능력을 활용하고, 그 후에도 수급자가 최저생활을 유지할 수 없을 경우에 비로소 국가가 그 부족한 부분을 보충해 주는 것을 원칙으로 삼는 원리이다. (O/X)

13 key word : 사회보장기본법
사회보장기본법에 명시되어있는 사회적 위험은 출산, 양육, 실업, 노령, 장애, 질병, 빈곤 및 사망 등을 말한다. (O/X)

14 key word : 조사 설계
조사 설계에서 유사실험설계에는 무작위할당이 시행된다. (O/X)

15 key word : 사회복지서비스 전달체계
K복지관을 찾은 갑(甲)은 결혼이주민으로, 현재 이혼 상태이며 한부모 가정의 여성 가장이다. 갑(甲)은 초등학교 1학년 된 딸과 함께 빌라 지하 월세방에서 생활하고 있다. 안정적인 직업을 갖지 못하고 낮에는 건물 청소일을 하며 저녁에는 같은 나라 출신의 친구가 운영하는 가게에서 주방일을 하고 있다. 갑(甲)은 하루하루 돈벌이에 바빠 딸의 교육에는 전혀 신경을 쓰지 못하고 있다. 갑(甲)은 신장기능이 저하되어 건강이 좋지 못하다. 이와 같은 상황에서는 사회복지서비스의 포괄성의 원칙이 요구된다. (O/X)

16 key word : 사회복지 기관 및 시설
노인복지관은 사회복지 기관 중 2차 기관에 해당한다. (O/X)

17 key word : 사회복지실천의 개입 유형
사회적 지지체계 개발은 사회복지실천의 개입 유형 중 직접적 개입에 해당한다. (O/X)

18 key word : 사회복지실천과정
사회복지실천과정은 접수와 자료수집→사정→계획→개입→평가→종결 순으로 진행된다. (O/X)

19 key word : 피아제의 인지발달 개념
적응이란 인간이 주변세계를 이해하고 그것에 대해 생각하는 이해의 틀이다. 또한 연령이 증가함에 따라 많은 경험을 통해 인지구조가 발달하면서 질적인 변화를 하게 되는 것을 말한다. (O/X)

20 key word : 귤릭과 어위크의 POSDCoRB
귤릭과 어위크의 POSDCoRB 중 '작업의 할당이 규정되고 조정되는 공식적인 구조의 설정'과 관련된 것을 '조직'이라 한다. (O/X)

1 O

품목예산은 지출의 대상인 급여·시설비·방위비 등의 각 품목을 표시하여 편성하는 예산제도를 말한다. 효율성을 고려하지 않기 때문에 효율성에 대한 정보을 알기 어렵다.

2 O

「사회보장기본법」제3조(정의) 제5호에서 규정하고 있는 '평생사회안전망'에 대한 정의이다.

3 X

장기요양 1등급 : 심신의 기능상태 장애로 일상생활에서 전적으로 다른 사람의 도움이 필요한 자로서 장기요양인정 점수가 95점 이상인 자

4 X

급여수준은 소득인정액 등을 고려하여 차등지급할 수 있다.

5 O

신체장애자 및 질병·노령 기타의 사유로 생활능력이 없는 국민은 법률이 정하는 바에 의하여 국가의 보호를 받는다 〈헌법 제34조 제5항〉.

6 X

로웬버그와 돌고프의 제4윤리원칙은 최소 해악의 원칙이다.

7 X

슈퍼비전(supervision)…구체적인 케이스에 관해 사회복지사가 원조내용을 보고하면 슈퍼바이저는 설명된 자료를 토대로 클라이언트의 상황을 이해하고 면접 등 원조방법에 관해 조언을 해주는 방식의 교육훈련이다.

8 O

제시된 내용은 관찰 조사법에 대한 설명이다. 관찰 조사법은 관찰대상에 의도적인 조작을 하지 않고 단지 행동 관찰을 통해 자료를 수집하는 방법이다.

9 X

주어진 내용은 보건복지상담센터의 희망의 전화 129에 대한 설명이다.
사회보장정보시스템(행복e음)…각종 사회복지 급여 및 서비스 지원 대상자의 자격과 이력에 관한 정보를 통합 관리하고, 지자체의 복지업무 처리를 지원하기 위해 기존 시·군·구별 새올행정시스템의 업무 지원시스템 중 복지분야를 분리하여 개인별, 가구별 DB를 통합 구축한 정보시스템

10 X

사회복지의 잔여적 개념에 대한 설명이다.

11 O

구빈 수급자의 구제수준은 최하층 노동자의 생활수준보다 높지 않아야 한다는 열등처우의 원칙은 1834년 개정된 신빈민법에서 규정되었다.

12 O

보충성의 원리:국가에 의한 최저생활을 보장한다고 하더라도 어디까지나 보충의 차원에서 제공하는 것을 원칙으로 한다.

13 O

사회보장이란 출산, 양육, 실업, 노령, 장애, 질병, 빈곤 및 사망 등의 사회적 위험으로부터 모든 국민을 보호하고 국민 삶의 질을 향상시키는 데 필요한 소득·서비스를 보장하는 사회보험, 공공부조, 사회서비스를 말한다〈사회보장기본법 제3조 제1호〉.

14 X

유사실험설계는 통제집단을 사용함으로써 내적타당도 저해요인을 크게 감소시킬 수 있으나 무작위할당이 이루어지지 않으므로 실험집단과 통제집단이 이질적일 가능성이 크다.

15 O

포괄성의 원칙 : 사회복지서비스는 수혜자의 다양한 욕구 또는 문제를 동시에 또는 순차적으로 해결하기 위하여 포괄적인 서비스 제공이 필요함

16 X

노인복지관은 사회서비스 제공이 주된 목적인 1차 기관이다.

17 X

사회적 지지체계 개발은 클라이언트의 문제해결에 직접적으로 개입하지 않는 간접적 개입에 해당한다.

18 O

사회복지실천과정의 순서
접수와 자료수집→사정→계획→개입→평가→종결

19 X

주어진 내용은 '도식'에 대한 설명이다. 적응은 자기 주변 환경의 조건들을 조정하는 능력으로 동화와 조절의 평형화 과정에 의해 발달하는 것을 말한다.

20 O

조직(Organizing) : 수립한 계획에 따라 업무를 효율적으로 수행할 수 있도록 작업과 권한을 할당하여 공식적인 구조를 설정

1 key word : 길버트와 스펙트의 지역사회의 기능

공공부조를 시행하면서 자활사업의 참여를 강제하는 조건부 수급은 사회구성원들이 사회의 규범을 순응하게 만드는 사회통합의 기능을 수행한다. (O/X)

2 key word : 사회복지실천의 가치

원조를 목적으로 하는 모든 경우에 클라이언트에 대한 정보는 전문가들 사이에서 공유될 수 있다. (O/X)

3 key word : 사회복지행정 모델

관료제모형은 조직 내부의 개별 구성원의 행동과 조직 외부의 환경에 대한 이해가 중요하다고 가정한다. (O/X)

4 key word : 신자유주의

신자유주의에 기반한 복지국가에서는 복지비용을 삭감하고 지출구조를 변화시킨다. (O/X)

5 key word : 사회복지사의 역할

옹호자(advocate)는 클라이언트의 정당한 권리를 대변하고 정책적 변화를 추구하는 활동을 한다. (O/X)

6 key word : 고용보험

근로자를 사용하지 않거나 50명 미만의 근로자를 사용하는 사업주도 고용보험의 의무가입대상이다. (O/X)

7 key word : 기본소득

최근 노동중심적 복지국가의 한계가 부각되면서, 실현 가능한 대안 중 하나로 논의되고 있는 '기본소득(Basic Income)'은 재정적 지속가능성의 특징을 가진다. (O/X)

8 key word : 마셜의 「시민권론」

마셜에 따르면 시민권은 관찰 시점에 따라 상이한 유형으로 구분될 수 있으며, 명확한 구분이 어려운 애매한 사례도 존재한다. (O/X)

9 key word : 롤스의 「정의론」

롤스의 「정의론」에서 제시하는 정의의 제1원칙으로 기본적 자유 평등의 원칙을 제시한다. (O/X)

10 key word : 사회복지사업법

사회복지사업이란 도움을 필요로 하는 모든 국민에게 사회복지사업을 통한 서비스를 제공하여 삶의 질이 향상되도록 제도적으로 지원하는 것을 말한다. (O/X)

11 key word : 한국 사회복지행정

사회복지시설 및 기관평가제도는 2000년대 이전에 도입되었다. (O/X)

12 key word : 품목예산

품목예산은 기관이 성취하고자 하는 성과나 목표를 제시한다. (O/X)

13 key word : 사회복지사의 윤리기준

적법하고도 적절한 논의 없이 동료 혹은 다른 기관의 클라이언트와 전문적 관계를 맺어도 된다. (O/X)

14 key word : 사회보장수급권

사회보장수급권은 포기할 수 없다. (O/X)

15 key word : 사례관리

사례관리는 사정→기획→개입→점검→평가 순으로 진행된다. (O/X)

16 key word : 사회복지조사 분석단위 오류

집단 또는 집합체에서 발견된 내용을 개인에게 적용할 때, 즉 특정지역의 노령화비율이 높고 그 지역에 특정 정당 지지율도 높다고 해서 해당 지역의 노인이 그 정당을 더 지지한다고 잘못된 결론을 내리는 것을 생태학적 오류라고 한다. (O/X)

17 key word : 엘리자베스 구빈법

엘리자베스 구빈법에서는 근로능력이 있는 건강한 빈민(The able-bodied poor)이 교정원 또는 열악한 수준의 작업장에서 강제노역을 하도록 하였다. (O/X)

18 key word : 사회복지관 사업

「사회복지사업법 시행규칙」상 사회복지관의 사업 중 지역조직화 기능에는 복지네트워크 구축, 주민조직화, 자원개발 및 관리가 있다.(O/X)

19 key word : 길버트와 테렐의 사회복지정책 분석틀

길버트와 테렐이 제시한 사회복지정책 분석틀의 네 가지 구성요소에 사회적 위험(social risks)의 포괄 범주에 대한 내용도 포함된다. (O/X)

20 key word : 사회복지실천 개입기술

클라이언트가 특정 행동이나 경험 혹은 생각에서 벗어나도록 하거나 그런 쪽으로 행동을 취할 수 있도록 도움을 제공하는 것을 격려라고 한다. (O/X)

1 X

규범에 순응하게 만드는 사회통제 기능은 정치제도에 의해 수행된다. 사회통합의 기능은 종교제도가 일차적 기능을 담당한다.

2 X

사회복지실천에 있어 클라이언트의 정보에 대한 비밀보장은 기본적인 원칙이다.

3 X

관료제모형은 집단 또는 조직 내에서의 직무를 합리적·계층적으로 나누어 대규모적인 행정관리 활동을 수행하는 모형으로, 조직 내부와 외부 환경의 상호작용 등을 고려하지 않는 폐쇄적인 특징이 있다.

4 O

복지국가의 확대가 자본주의의 불황과 자본축적의 위기를 가지고 왔다고 보고, 국가의 복지서비스를 축소하여 시장 경쟁원리를 다시 회복해야 한다고 본다.

5 O

옹호자 : 사회복지사는 클라이언트를 대신해서 계약된 목적을 달성하기 위해 클라이언트 개인이나 가족의 권리를 주장하고 옹호하며 정책적 변화를 모색하기 위한 활동을 한다.

6 X

자영업자 고용보험제도란 자영업자의 생활안정 및 재취업을 지원하는 제도로, 0~49인의 근로자가 있는 자영업자는 본인이 희망하는 경우에 가입이 가능하다.

7 X

'기본소득'이란 정부나 지방자치단체가 모든 개인에게 조건 없이 정기적으로 지급하는 소득을 의미한다. 기본소득 보장을 위한 재원 마련 등 현실 가능성이 떨어지고 기존 복지체제를 위협할 수 있다는 우려가 있다.

8 X

마셜은 시민권의 변천을 진화론의 입장에서 4가지 유형으로 구분하고 시민권의 요소를 공민적 요소, 정치적 요소, 복지적 요소, 사회적 요소로 보았다.

9 O

롤스가 제시한 정의의 제1원칙은 기본적 자유 평등의 원칙이다.

10 X

사회복지서비스에 대한 설명이다.

11 O

사회복지시설 및 기관 평가제도 도입 : 1997년

12 X

품목예산은 예산을 지출대상별(품목별)로 분류하여 예산을 편성하는 제도로, 기관의 성과나 목표를 제시하지는 않는다.

13 X

사회복지사는 적법하고도 적절한 논의 없이 동료 혹은, 다른 기관의 클라이언트와 전문적 관계를 맺어서는 안 된다.

14 X

「사회보장기본법」 제14조에 '사회보장수급권의 포기'에 관한 내용이 규정되어 있다.

15 O

사례관리의 과정은 접수→사정→기획→개입→점검 및 재사정→종결 및 평가로 진행된다.

16 O

생태학적 오류란 생태학적 상관관계를 개인적 상관관계로 평가함으로써 범하게 되는 통계적 오류를 말한다.

17 O

노동능력이 있는 빈민은 교정원이나 작업장에 수용하여 노동을 하게 하였고, 이들에 대한 자선을 금지하고, 이주도 제한하였다.

18 O

사회복지관의 사업〈「사회복지사업법 시행규칙」별표 3〉
지역조직화 기능 : 복지네트워크 구축, 주민조직화, 자원개발 및 관리

19 X

길버트와 테렐이 제시한 사회복지정책 분석틀의 네 가지 구성요소
㉠ 사회적 할당의 기반은 무엇인가?→수급자격(대상체계)
㉡ 사회적 급여의 형태는 무엇인가?→급여종류(급여체계)
㉢ 사회적 급여를 전달하기 위한 전략은 무엇인가?→전달방법(전달체계)
㉣ 사회적 급여에 필요한 재정을 마련하기 위한 방법은 무엇인가?→재정마련 방법(재정체계)

20 O

격려는 클라이언트가 특정 행동이나 경험 혹은 생각에서 벗어나도록 하거나 그런 쪽으로 행동을 취할 수 있도록 도움을 제공하는 것으로, 주로 클라이언트의 행동이나 감정 등을 칭찬하고 인정하는 방식으로 표현된다.

1 key word : 자원봉사활동의 위험관리 대책

사회복지 분야 자원봉사활동의 위험관리 대책에서 위험관리 대상은 자원봉사자와 직원에 한정한다. (O/X)

2 key word : 사회복지 실천과정

사회복지 실천과정은 접수→자료수집 및 사정→목표설정 및 계약→개입→평가 및 종결의 순으로 진행된다. (O/X)

3 key word : 정신건강전문요원

「정신건강증진 및 정신질환자 복지서비스 지원에 관한 법률」 상 정신건강전문요원에는 정신건강임상심리사, 정신건강간호사 및 정신건강사회복지사가 있다. (O/X)

4 key word : 시장의 재화 배분

사회복지적 관점에서 볼 때 일반적으로 시장에서 재화들이 효율적으로 배분되기 위해서는 위험의 발생이 상호 의존적이어야 한다. (O/X)

5 key word : 사회복지프로그램 평가유형

메타평가 시 프로그램 진행 중에 원활하고 성공적으로 프로그램이 수행되도록 문제점을 찾아내고 수정 보완할 목적으로 실시된다. (O/X)

6 key word : 에스핑-안데르센의 복지국가 유형

자유주의적(liberal) 복지국가 유형에서는 복지와 재분배적 기능을 강조하며 시장의 영향력을 최소화하려 노력한다. (O/X)

7 key word : 위기개입모델

점심시간 때 학교 운동장에서 선후배 간 폭력이 발생하여 사상자가 발생하였다. 이때 학교사회복지사는 폭력사건 위기와 관련된 다양한 대상에 대한 다각적인 사정을 통해 클라이언트의 성격 변화에 초점을 둔다. (O/X)

8 key word : 관료제 환경에서 나타나는 병폐

크리밍은 서비스 기관들이 성과관리 평가제 등의 영향을 과도하게 받게 되면서 나타내기 쉬운 현상들 중 하나이다. 기관들은 서비스 접근성 메커니즘을 조정해서 가급적이면 유순하고 저비용-고성과 클라이언트를 선호하는 반면, 비협조적이고 고비용-저성과 클라이언트들을 배척하려는 경향을 보인다. (O/X)

9 key word : 국민기초생활보장법

「국민기초생활보장법」상 급여의 종류에는 주거급여, 해산급여, 의료급여, 장애급여 등이 있다. (O/X)

10 key word : 사회복지실천 치료기법

고소공포증이 있는 클라이언트에게 맨 아래에 있는 가장 덜 위협적인 장면에서부터 더 큰 불안을 야기하는 장면인 위쪽으로 점차 나아가면서 단계별로 상상하거나 경험하도록 하는 것은 인지행동모델의 체계적 둔감화에 해당한다. (O/X)

11 key word : 한국 가족의 형태 변화

가족주기의 변화로 자녀출산 완료 이후 자녀의 결혼이 시작되기 전까지의 확대완료기가 길어지고 있다. (O/X)

12 key word : 사회복지조사

사회복지조사에서 측정의 신뢰도를 높이기 위해 측정항목(하위변수) 수를 줄이고 항목의 선택범위(값)는 좁히는 것이 좋다. (O/X)

13 key word : 사회복지 재원

수익자 부담은 저소득층의 자기존중감을 높여 서비스가 남용된다. (O/X)

14 key word : 장애인의 자립생활

자립생활은 장애인이 지역에서 자유롭게 독립적으로 살아가는 것을 말하며, 장애가 중증화되어 가면 지역이 아닌 거주시설에서 안전하게 생활해야 한다고 주장한다. (O/X)

15 key word : 사례관리

사례관리는 복합적이고 장기적인 욕구를 갖고 있는 사람에 대한 지원활동이다. (O/X)

16 key word : 안토니 기든스의 제3의 길

제3의 길은 중앙정부의 역할을 강화하여 복지다원주의를 추구한다. (O/X)

17 key word : 사회적 경제조직

사회적 기업이란 정부, 지방자치단체가 출자한 조직이 사회적 기업 인증을 받아 운영하는 공기업이다. (O/X)

18 key word : 관계형성 기술

사회복지실천의 관계형성 기술 중 수용은 클라이언트를 있는 그대로 받아들여 문제행동도 옳다고 인정하고 받아들이는 것을 의미한다. (O/X)

19 key word : 보편적 서비스

중학생을 대상으로 한 인터넷·약물중독 예방 교육은 사회복지서비스 중 보편적 서비스에 해당한다. (O/X)

20 key word : 노인장기요양보험

재가노인요양보호가 집에서 24시간 재가급여를 제공하기 때문에 시설급여를 제공하는 장기요양기관보다 주간보호센터 등 재가급여 기관을 우선 조사한다. (O/X)

1 X

사회복지 분야 자원봉사활동의 위험관리 대상은 다만 자원봉사자와 직원에 한정되는 것이 아니라 자원봉사활동의 대상인 클라이언트와 가족 등 관련 인물과 장비, 시설 등 물적 자원까지 포괄적으로 포함해야 한다.

2 O

사회복지 실천과정은 '접수→자료수집 및 사정→목표설정 및 계약→개입→평가 및 종결'의 순서로 이루어진다.

3 O

정신건강복지법 제17조에 따라 정신건강전문요원은 그 전문분야에 따라 정신건강임상심리사, 정신건강간호사 및 정신건강사회복지사로 구분한다.

4 X

위험의 발생이 상호 의존적이라면 대규모 위험 발생 시 시장에서 제공하는 서비스 상품들이 재정안정을 이루기 어려우며, 이렇게 재정이 안정되지 않은 시장은 재화를 효율적으로 배분하기 어려워진다.

5 X

프로그램 진행 중에 수행하는 평가는 형성평가이다.

6 X

복지와 재분배적 기능을 강조하며 시장의 영향력을 최소화하려 노력하는 것은 사회민주적 복지국가 유형이다.

7 X

제시된 상황은 폭력으로 사상자가 발생한 심각한 상황으로 클라이언트의 성격 변화보다는 실질적인 도움에 사회복지사의 역할의 초점이 맞춰져야 한다.

8 O

크리밍은 '기름친다'는 뜻으로, 일정한 개입 프로그램의 도움으로 가장 성공 가능성이 높은 사람들이 사회서비스와 프로그램을 이용하는 것을 말한다.

9 X

국민기초생활보장법에서는 급여의 종류로 생계급여, 주거급여, 의료급여, 교육급여, 해산급여, 장제급여, 자활급여를 제시하고 있다.

10 O

고소공포증 치료를 위해 불안이나 공포를 덜 일으키는 자극부터 점차 더 강한 자극으로 단계별로 옮겨가며 행동을 치료하기 위한 기법으로 인지행동모델 기법의 하나인 체계적

둔감화에 해당한다.

11 O

만혼족, 비혼족 등이 늘어가면서 자녀출산 완료 이후 자녀의 결혼이 시작되기 전까지의 확대완료기가 길어지고 있다.

12 X

측정의 신뢰도를 높이기 위해서는 측정항목(하위변수) 수를 늘리고 항목의 선택범위(값)는 넓히는 것이 좋다.

13 X

수익자 부담이 저소득층 및 서비스 이용자들의 자기존중감을 높여 긍정적 영향을 줄 수 있지만, 사용자가 서비스 이용에 드는 모든 비용을 부담해야 하기 때문에 저소득층의 경우 비용 부담으로 인한 이용이 억제될 수 있다.

14 X

자립생활은 장애인이 지역에서 자유롭게 독립적으로 살아가는 것을 말한다. 즉, 탈시설화를 강조한다.

15 O

사례관리는 특정대상을 위한 직접적 서비스 및 지역사회실천에서의 서비스를 합한 것으로, 클라이언트에게 좀 더 포괄적이고 지속적인 서비스를 제공한다는 측면에서 그 의의가 있다.

16 X

제3의 길은 중앙정부의 역할을 축소하고 지방정부 및 민간영리부문, 비공식부문 등 공급주체의 다양화를 추구한다.

17 X

「사회적기업 육성법」에 따르면 "사회적 기업"이란 취약계층에게 사회서비스 또는 일자리를 제공하거나 지역사회에 공헌함으로써 지역주민의 삶의 질을 높이는 등의 사회적 목적을 추구하면서 재화 및 서비스의 생산·판매 등 영업활동을 하는 기업으로서 제7조(사회적기업의 인증)에 따라 인증받은 자를 말한다. 따라서 공기업과는 다른 개념이다.

18 X

수용은 클라이언트의 있는 그대로를 받아들이지만, 문제행동을 옳다고 인정하고 받아들이는 것은 아니다.

19 O

중학생을 대상으로 하는 인터넷·약물중독 예방 교육의 경우 모든 중학생을 대상으로 서비스가 가능한 사전적 성격의 서비스로 보편적 서비스에 해당한다.

20 X

현행 노인장기요양보험제도에서 24시간 재가급여를 제공하는 재가노인요양보호는 규정되어 있지 않다.

1 key word : 사회복지급여

사회복지재화의 사유재적 성격 때문에 사회복지급여 제공에서 국가 개입이 필요하다. (O/X)

2 key word : 국민기초생활보장제도

국민기초생활보장제도는 급여의 기준은 급여종류에 관계없이 동일한 선정기준이 적용된다. (O/X)

3 key word : 사례관리

사례관리는 통합적 실천방법이자 체계적인 과정이다. (O/X)

4 key word : 사회복지 주요 개념

노동의 탈상품화(Decommodification of Labor)는 자본주의 이전의 사회에서 사람들이 생존을 위해 임금형태의 소득에 전적으로 의존하지 않던 상태를 말한다. (O/X)

5 key word : 사회복지서비스 전달체계

사회복지서비스 전달체계에서 중앙정부가 전달주체가 되면, 서비스의 접근성과 융통성이 커진다. (O/X)

6 key word : 에스핑 앤더슨의 복지국가 유형

에스핑 앤더슨의 복지국가 유형에 따르면 미국은 자유주의적 복지국가, 프랑스는 조합주의적 복지국가, 스웨덴은 사회민주주의적 복지국가의 전형적 국가이다. (O/X)

7 key word : 긴급복지지원법

긴급지원 요청이 들어오면 긴급지원복지법에 따라 소득이나 재산을 조사한 후 최대한 신속하게 지원한다. (O/X)

8 key word : 심리사회적 자아발달의 8단계

자율성 대 수치심은 에릭 에릭슨의 심리사회적 자아발달의 8단계 과업에 해당한다. (O/X)

9 key word : 사회복지 이론 및 사상

로버트 노직(Robert Nozick)은 국가가 적극적으로 나서서 국민의 생활과 자유를 보장해야 한다고 주장했다. (O/X)

10 key word : 사회보장기본법

국가와 지방자치단체는 모든 국민이 건강하고 문화적인 생활을 유지할 수 있도록 사회보장급여의 수준 향상을 위하여 노력하여야 한다. 이를 위해 국가는 관계 법령에서 정하는 바에 따라 최저보장수준과 최저임금을 매년 공표하여야 한다. 국가와 지방자치단체는 최저보장수준과 최저임금 등을 고려하여 사회보장급여의 수준을 결정하여야 한다. (O/X)

11 key word : 사례관리

A군의 집은 누전 위험, 곰팡이 발생 등으로 주거환경이 좋지 않았지만, 장시간 일하는 A군의 어머니는 청소를 할 시간적 여유가 없었다. 사례관리자는 관내 자원봉사센터의 자원봉사자들을 연결하여 집안 대청소를 실시해 A군의 가족이 위생적이고 안전하게 생활할 수 있는 주거환경을 만들었다. 또한 사례관리자는 A군의 ADHD 치료를 위해 관내 보건소와 정신건강증진센터를 연계하여 도움을 받을 수 있도록 했다. 이와 같은 상황에서 사례관리자는 지역사회 내 다양한 관계망을 활용하고 있다. (O/X)

12 key word : 비율측정

비율측정은 사칙연산이 불가능하다. (O/X)

13 key word : 희망복지지원단

희망복지지원단은 지방자치단체의 읍·면·동 행정복지센터에 설치되어 있다. (O/X)

14 key word : 노인성 질병

파킨슨병, 당뇨병, 뇌경색증은 노인장기요양보험법령상 노인성 질병에 해당한다. (O/X)

15 key word : 사회복지 역사

복지국가의 이념적 기반이 되었던 케인즈주의가 쇠퇴한 직후 미국에서는 신자유주의 이념이 영향력을 발휘한 반면, 영국에서는 신자유주의보다는 제3의 길 노선이 강화되었다. (O/X)

16 key word : 사회복지사업법

사회복지사업법상 사회복지법인의 임원 중 법인은 대표이사를 제외한 이사 7명 이상과 감사 2명 이상을 두어야 한다. (O/X)

17 key word : 정신건강복지법

정신건강전문요원은 그 전문분야에 따라 정신건강간호사, 정신건강요양보호사 및 정신건강사회복지사로 구분한다. (O/X)

18 key word : 사회보장 권리구제

산업재해보상보험법에서는 사회보장 권리구제에 대한 심사청구와 재심사청구를 규정하고 있다. (O/X)

19 key word : 자활급여

자활사업에는 직업훈련, 취업알선 등의 제공, 지역자활센터의 사업 등이 해당되나, 「고용정책기본법」에 근거한 공공근로사업은 제외된다. (O/X)

20 key word : 청소년지원사업

꿈드림은 학교 밖 청소년을 지원하는 청소년 지원센터이다. (O/X)

1 X

사회복지급여 제공에 국가 개입이 필요한 이유는 사회복지 재화의 공공재적 성격 때문이다.

2 X

보건복지부장관 또는 소관 중앙행정기관의 장은 급여의 종류별 수급자 선정기준 및 최저보장수준을 결정하여야 한다〈「국민기초생활보장법」제6조(최저보장수준의 결정 등) 제1항〉.

3 O

사례관리자는 서비스를 연계하고 점검하는 간접적 실천활동과 함께 교육, 상담 등 직접 실천활동을 수행한다. 또한 사례관리 과정에 새로운 욕구가 발견되면 재사정을 통해 서비스를 계속적으로 지원한다.

4 X

노동의 탈상품화는 개인의 복지가 시장에 의존하지 않고도 이루어질 수 있는 상태로, 즉 특정 개인이 시장에 의존하지 않아도 기존의 삶을 유지할 수 있는 상태를 말한다.

5 X

중앙정부가 전달주체가 되면, 지방정부 또는 민간 전달체계가 주체가 될 때보다 서비스의 접근성과 융통성은 떨어진다.

6 O

에스핑 앤더슨의 복지국가 유형에 따르면 미국·캐나다는 자유주의적 복지국가, 독일·프랑스는 조합주의적 복지국가, 노르웨이·스웨덴은 사회민주주의적 복지국가의 전형적 국가이다.

7 X

「긴급복지지원법」에 따른 지원은 위기상황에 처한 사람에게 일시적으로 신속하게 지원하는 것을 기본원칙으로 한다. 따라서 사전조사가 아닌 사후조사를 시행한다.

8 O

자율성 대 수치심은 에릭슨의 심리사회적 자아발달 8단계에 따른 과업에서 2단계에 해당 한다.

9 X

로버트 로직은 미국의 자유주의 사회철학자로 무정부주의적 자유주의에 대해 국가의 역할을 인정하면서도 국가의 권력이 더 이상의 자유를 제약해서는 안 된다는 자유주의 국가론을 주장했다.

10 O

사회보장기본법 제10조 사회보장급여의 수준에 대한 내용이다.

11 O

제시된 상황에서 사례관리자는 관내 자원봉사센터, 관내 보건소와 정신건강증진센터 등 지역사회 내 다양한 관계망을 활용하고, 자원봉사자들을 활용 인정 자원 동원을 통해 지역사회가 협력하는 기회를 제공했다. 즉, 자연연계자 역할을 수행한 것이다.

12 X

비율측정은 사칙연산이 모두 가능하다.

13 X

희망복지지원단은 자활하고자 하는 가구에게 맞춤형 서비스를 제공하여 안정적인 삶을 지원·지지하고 빈곤을 예방하는 사업이다.

14 X

당뇨병은 노인장기요양보험법령상 노인성 질병에 해당하지 않는다.

15 X

케인즈주의가 쇠퇴한 직후 미국과 영국 모두 신자유주의 이념이 영향력을 발휘하였다.

16 X

법인은 대표이사를 포함한 이사 7명 이상과 감사 2명 이상을 두어야 한다〈「사회복지사업법」제18조(임원) 제1항〉.

17 X

정신건강복지법 제17조에 따라 정신건강전문요원은 그 전문분야에 따라 정신건강임상심리사, 정신건강간호사 및 정신건강사회복지사로 구분한다.

18 O

「산업재해보상보험법」제6장 심사청구 및 재심사청구

19 X

「국민기초생활 보장법 시행령」제10조에 따르면 「고용정책기본법」에 따른 공공근로사업도 자활사업에 포함된다.

20 O

꿈드림은 학교 밖 청소년의 개인적 특성과 상황을 고려한 상담지원, 교육지원, 직업체험 및 취업지원, 자립지원 등의 프로그램을 통해 학교 밖 청소년들이 꿈을 가지고 자신의 미래를 스스로 준비하여 공평한 기회를 얻을 수 있도록 지원한다.

1 key word : 퍼니스와 틸톤의 복지국가 유형

사회보장국가는 퍼니스와 틸톤이 분류한 복지국가 유형 중에서 국민최저수준의 복지를 보장하려는 국가이다. (O/X)

2 key word : 사회복지의 잔여적 개념

사회복지의 잔여적 개념에서는 사회복지 활동이 필요하지 않은 것이 궁극적인 지향이다. (O/X)

3 key word : 신뢰도와 타당도

신뢰도와 타당도는 상관성이 없다. (O/X)

4 key word : 사회복지 정책결정의 이론적 모형

모든 대안들을 합리적으로 검토하여 최선의 정책 대안을 찾을 수 있다고 가정하는 것은 만족모형이다. (O/X)

5 key word : 쿠블러-로스의 죽음에 대한 적응 단계

쿠블러(Kubler) -로스(Ross)의 죽음에 대한 적응 단계로서 부정-분노-타협-우울-수용의 단계를 거친다. (O/X)

6 key word : 종단조사

동일한 대상을 일정 시차를 두고 추적 조사하는 방법은 패널조사이다. (O/X)

7 key word : 인보관

인보관은 빈곤과 고통의 원인이 주로 환경적 요인에 있다고 보고 주택, 공중보건, 고용 착취 등을 개선하기 위한 활동을 하였다. (O/X)

8 key word : 복지국가의 발달

사회민주주의 이론에 따르면 노동자계급을 대변하는 정치적 집단의 정치적 세력이 커질수록 복지국가가 발전한다. (O/X)

9 key word : 국민기초생활 보장법

부양의무자란 수급권자를 부양할 책임이 있는 사람으로서 수급권자의 1촌의 직계혈족만을 말한다. (O/X)

10 key word : 지역사회복지 실천모델

지역사회개발 모델은 전문가가 지역사회복지의 주도자가 된다. (O/X)

11 key word : 사회복지 분석틀

바우처는 정부조직을 통한 강제적 징수방법으로 보험의 원리에 의해 보험 가입자가 납부하는 기여금을 의미한다. (O/X)

12 key word : 사회복지실천의 접근방법

심리사회적 접근방법은 개인의 내적 요소와 사회적 요소를 모두 중시한다. 실천의 초점은 개인을 둘러싼 사회환경과 상호작용에 두고 있다. 개인이 가진 현재의 기능은 과거의 사건에 영향을 받는다는 입장이다. (O/X)

13 key word : 사회복지사 윤리강령

기본적 윤리기준에 따르면 사회복지사는 클라이언트의 지불능력에 상관없이 서비스를 제공해야 하며 이를 이유로 차별대우를 해서는 안 된다. (O/X)

14 key word : 길버트와 스펙트의 사회복지 급여 유형

길버트와 스펙트의 사회복지 급여 유형 중 권력은 클라이언트 및 다른 사회적 약자 집단의 대표자들을 사회복지 관련 기관의 이사로 선임하는 정책 등을 통하여 추구된다. (O/X)

15 key word : 고용보험법

「고용보험법」에 따른 구직급여 지급일수는 이직일 현재 연령, 피보험기간에 의해서 결정된다. (O/X)

16 key word : 공공부조

공공부조는 보험적 기술을 이용하여 사회적 위험을 방지하기 위하여 조직된 제도다. (O/X)

17 key word : 사회복지행정 조직이론

과학적 관리론은 계층제적 권한구조, 정책과 행정 결정의 분리 등의 특징을 지닌 대규모 조직을 설명하는 이론이다. (O/X)

18 key word : 사회복지의 효율성

사회복지의 효율성을 논할 때 파레토 효율과 수단적 효율이 있다. 전자는 더 이상 어떠한 개선이 불가능한 최적의 자원배분 상태를 의미하며, 후자는 특정한 목표를 달성하는 데 가능한 한 적은 자원을 투입하여 최대한의 산출을 얻는 것을 의미한다. (O/X)

19 key word : 아동의 기본적 4대 권리

아동의 기본적 4대 권리는 자유권, 보호권, 발달권, 참여권이다. (O/X)

20 key word : 장애인복지법

장애인의 권익과 복지증진을 위하여 3년마다 장애인 정책종합계획을 수립·시행하여야 한다. (O/X)

1 O

사회보장국가는 국민 전체의 생활안정을 위해 국민 전체에 직접적 혜택부여 및 완전고용정책의 극대화하며 국민최저수준을 보장하려 한다.

2 O

사회복지의 잔여적 개념은 가족, 시장을 통해 개인의 욕구가 충족될 수 있음을 전제로 하며 사회복지는 보충적 성격을 띤다는 것이다. 따라서 사회복지 활동이 필요하지 않은 것이 궁극적인 지향이다.

3 X

신뢰도는 타당도의 필요조건이고, 타당도는 신뢰도의 충분조건이다. 타당도가 높으면 신뢰도도 항상 높지만, 신뢰도가 높을 경우 타당도는 높을 수도 있고 낮을 수도 있다.

4 X

모든 대안들을 합리적으로 검토하여 최선의 정책 대상을 찾을 수 있다고 가정하는 것은 합리모형이다.

5 O

쿠블러-로스에 따르면 인간은 자신의 죽음을 받아들이기까지 부정-분노-타협-우울-수용의 다섯가지 단계를 겪는다고 한다.

6 O

패널 조사는 동일한 대상(집단)을 일정한 시차를 두고 추적 조사하는 것을 말한다.

7 O

인보관 : 인보사업운동은 빈민지구를 실제로 조사하여 그 지구에 대한 생활실태를 자세히 파악하고 구제의 필요가 있는 사람에게 조력해 준다.

8 O

사회민주주의 이론은 사회복지를 자본가계급과 노동자계급의 정치적 투쟁에서 노동자계급을 대변하는 정치적 집단이 승리하여 획득한 것이라고 본다.

9 X

"부양의무자"란 수급권자를 부양할 책임이 있는 사람으로서 수급권자의 1촌의 직계혈족 및 그 배우자를 말한다. 다만, 사망한 1촌의 직계혈족의 배우자는 제외한다〈「국민기초생활보장법」제2조(정의) 제5호〉.

10 X

사회계획 모델에 대한 설명이다.

11 X

사회보험료에 대한 설명이다. 바우처는 정부가 수요자에게 쿠폰을 지급하여 원하는 공급자를 선택토록 하고, 공급자가 수요자로부터 받은 쿠폰을 제시하면 정부가 재정을 지원하는 방식으로, 이때 지급되는 쿠폰을 바우처라고 한다.

12 O

개인의 내적 요소, 즉 클라이언트의 심리적 변화와 사회적 요소인 사회환경적 변화를 모두 중시하는 것은 심리사회적 접근방법의 특징이다.

13 O

사회복지사의 기본적 윤리기준 중 경제적 이득에 대한 태도와 전문가로서의 자세에 해당되는 내용이다.

14 O

권력은 물품과 자원에 대한 통제력을 재분배하는 것과 연관된 것으로, 구체적으로 클라이언트 및 다른 사회적 약자 집단의 대표자들을 사회복지 관련 기관의 이사로 선임하는 정책 등을 통하여 추구된다.

15 O

하나의 수급자격에 따라 구직급여를 지급받을 수 있는 날(소정급여일수)은 대기기간이 끝난 다음날부터 계산하기 시작하여 피보험기간과 연령에 따라 별표 1에서 정한 일수가 되는 날까지로 한다.

16 X

사회보험에 대한 설명이다.

17 X

관료제이론에 대한 설명이다.

18 O

ⓐ 파레토 효율 : 어떤 자원배분 상태가 실현가능하고 다른 배분 상태와 비교했을 때 이보다 효율적인 배분이 불가능한 배분 상태

ⓑ 수단적 효율 : 특정한 목표를 달성하는 데 가장 적은 자원을 투입하여 가장 많은 산출을 얻을 수 있는 상태(목표달성이 핵심)

19 X

아동의 기본적인 4대 권리는 생존의 권리, 보호의 권리, 발달의 권리, 참여의 권리이다.

20 X

장애인정책종합계획〈「장애인복지법」제10조의2〉
보건복지부장관은 장애인의 권익과 복지증진을 위하여 관계 중앙행정기관의 장과 협의하여 5년마다 장애인정책종합계획을 수립·시행하여야 한다.

1 key word : 윌렌스키와 르보의 제도적 개념

제도적 개념에서는 사회복지가 그 사회의 필수적이고 정상적인 제일선(first line)의 기능을 수행하는 것으로 이해한다. (O/X)

2 key word : 우리나라 사회보장제도

우리나라 사회보장제도 가운데 국민연금제도, 건강보험제도, 고용보험제도의 재원조달방식은 동일하다. (O/X)

3 key word : 직접실천

정신장애인 취업적응 훈련 실시는 사회복지실천 방법 중 직접실천에 해당한다. (O/X)

4 key word : 인보관운동

19세기 인보관운동은 문제의 원인을 개인에게서 찾고자 하였다. (O/X)

5 key word : 소득재분배

시간적 소득재분배는 자녀세대의 소비를 위해서 자신의 미래 소비를 포기하고 소득을 이전하는 것을 의미한다. (O/X)

6 key word : 국민기초생활 보장법

지역자활센터는 「국민기초생활 보장법」상 사회복지시설에 해당한다. (O/X)

7 key word : 바우처

사회 내의 불이익집단 또는 특별히 사회에 공헌한 사람들에게 더 많은 기회를 제공할 수 있는 것은 바우처의 장점이다. (O/X)

8 key word : 성인지 관점

성인지 관점은 가족 내 성역할 분업을 강조하는 관점이다. (O/X)

9 key word : 사례관리

사례개입의 목표달성을 위해서라면 언제든 클라이언트의 자기결정을 제한하는 것이 정당하다. (O/X)

10 key word : 장애인고용촉진 및 직업재활법

「장애인고용촉진 및 직업재활법」상 사업주의 장애인 고용의무를 상시 50명 이상의 근로자를 고용하는 사업주로 규정하고 있다. (O/X)

11 key word : 사회복지사의 역할

지적장애인에게 일상생활기술훈련을 실시하는 사회복지사의 역할은 교육자이다. (O/X)

12 key word : 지역사회의 기능

아동을 가정과 학교에서 교육시키는 것은 워렌(Warren)이 제시한 지역사회의 기능 중 사회화 기능이다. (O/X)

13 key word : 강점 관점

강점 관점에 따르면 개인을 진단에 따른 증상을 가진 자로 규정한다. (O/X)

14 key word : 빈곤

상대빈곤은 최저생계비를 기준으로 결정된다. (O/X)

15 key word : 복지국가 발전 이론

사회민주주의이론은 사회적 분배를 둘러싼 다양한 이익집단들의 경쟁에서 정치적 힘이 강해진 집단의 요구를 정치인들이 수용하면서 복지국가가 등장하게 되었다는 이론이다. (O/X)

16 key word : 국내 노인 대상 복지 서비스 및 제도

노인장기요양보험제도는 만 65세 이상 노인에게만 적용된다. (O/X)

17 key word : 상담기술

해석은 클라이언트의 생각이나 감정, 경험을 명확히 이해하기 위해 클라이언트의 진술이 추상적이거나 혼란스러운 경우에 보다 구체적으로 표현하도록 클라이언트에게 요청하는 것이다. (O/X)

18 key word : 브래드쇼의 욕구개념

표현적 욕구(expressed need)는 특정 집단 구성원의 욕구와 유사한 다른 집단 구성원들의 욕구를 비교할 때 나타나는 욕구를 의미한다. (O/X)

19 key word : 사회복지사 윤리강령

클라이언트를 대상으로 연구하는 사회복지사는 저들의 권리를 보장하기 위해, 자발적이고 고지된 동의를 얻어야 한다. (O/X)

20 key word : 조선시대의 구제기관

상평창은 풍년이 들어 곡물 가격이 떨어지면 국가는 곡식을 사들여 저장하고, 흉년이 들어 곡물 가격이 오르면 국가는 저장한 곡물을 방출하여 곡물 가격을 떨어뜨렸다. 이 제도는 곡물 가격의 변동에 따라 생활을 위협받는 일반 농민을 보호하고 물가를 안정시키기 위한 정책이었다. (O/X)

1 O

윌렌스키와 르보의 제도적 개념에서 사회복지는 1차적 기능이며, 제도적으로 국가가 적극 개입함으로써 개인이나 집단이 만족할 만한 수준의 복지가 구현될 수 있는 모델이다.

2 O

국민연금제도, 건강보험제도, 고용보험제도는 사회보험으로서 가입자의 보험료로 조달됨이 원칙이다.

3 O

직접실천은 주로 개인, 집단, 가족을 대상으로 클라이언트를 직접 대면하여 개입, 정보제공, 기술교육 제공, 상담 등을 실행한다.

4 X

자선조직협회(COS)는 빈곤을 개인의 도덕적 책임으로만 돌리고 빈곤발생의 사회적 기반에 대해서는 등한시하였다.

5 X

시간적 소득재분배…한 개인이 일생의 소득을 전 생애기간으로 재분배하는 것을 말한다.

6 O

국민기초생활 보장법 제16조에 따라 지역자활센터는 사회복지시설로 규정되어 있다.

7 X

길버트와 스펙트(테렐)의 급여체계 중 '기회'에 해당하는 내용이다. 기회로 제공되는 경우 기회는 무형의 급여로, 어떤 개인이나 집단에 대해 이전에는 부정되었던 급여에 대해서 접근을 가능하게 만든다.

8 X

성인지 관점은 가부장주의 사회에서 당연시되던 남녀의 고정된 역할분담이나 불평등과 같은 기존의 질서와 구조에 의문을 제기하면서 나타났다.

9 X

사례관리의 개입원칙 중 클라이언트의 자율성 극대화 원칙은 클라이언트의 선택에 대한 자유를 최대화하고 지나친 보호를 하지 않는 것을 의미한다.

10 O

장애인고용촉진 및 직업재활법 제28조(사업주의 장애인 고용 의무)1항 : 상시 50명 이상의 근로자를 고용하는 사업주는 그 근로자의 총수의 100분의 5의 범위에서 대통령령으로 정하는 비율이상에 해당하는 장애인을 고용하여야 한다.

11 O

교육자는 사회복지사는 정보를 제공하고 행동과 기술을 지도하는 등 클라이언트가 자신의 능력을 강화시킬 수 있도록 가르치는 역할을 한다.

12 O

사회화 기능(가족제도)
• 개인들이 사회와 이를 구성하는 사회적 단위들의 지식, 기본적인 가치, 행동유형 등을 터득하는 과정을 말한다.
• 가족, 집단, 조직 등 모든 사회적 단위는 그 구성원들이 살아가는 데 필요한 정보를 직접·간접적으로 전달하는 기능을 수행한다.

13 X

개인을 진단에 따른 증상을 가진 자로 규정하는 것은 병리관점이다.

14 X

최저생계비를 기준으로 하는 것은 절대적 빈곤의 개념이다. 상대적 빈곤은 평균 또는 중위소득의 비율, 소득 분배상의 일정 비율, 타운젠드 방식 등을 기준으로 한다.

15 X

사회민주주의이론은 노동자 계급의 정치세력화로 인하여 복지국가가 등장하게 되었다. 주어진 설명은 다원주의이론에 관한 설명이다.

16 X

노인장기요양보험제도는 만 65세 이상 또는 65세 미만의 노인 등이 노인성질병(치매, 뇌혈관성 질환)이 있는 자에게 적용된다.

17 X

명료화에 대한 설명이다. 해석은 클라이언트가 표현한 문제에 숨겨진 의미를 발견하고자 하는 것으로, 문제 이면에 담겨 있는 이슈들을 파악하는 과정이다.

18 X

표현적 욕구(expressed need) : 감지된 욕구가 실제의 욕구 충족 추구행위로 나타난 것이며, 수요라고도 할 수 있다.

19 O

사회복지사 윤리강령 중 전문성 개발을 위한 노력에 대한 내용이다.

20 O

상평창 : 물가를 조절하는 기구로서, 흉년이 들어 곡가가 오르면 시가보다 싼 값으로 내다 팔아 가격을 조절함으로써 백성들의 생활을 안정시켰다.

1 key word : 사회복지의 어의적 개념

사회복지(social welfare)에서 '사회적(social)'은 이타적 속성이 제거된 개인적 삶의 요소를 중시함을 의미한다. (O/X)

2 key word : 공공부조

공공부조는 일정 수준 이하의 소득계층에 대해 신청주의원칙에 입각하여 자산조사를 실시한 후 조세를 재원으로 하여 최저생활 이상의 삶을 보장하는 제도이다. (O/X)

3 key word : 사회보험

사회보험은 자산조사를 통해 급여를 제공한다. (O/X)

4 key word : 신자유주의

1980년대 대처리즘과 레이거노믹스의 복지정책은 복지비용의 삭감 및 지출 구성의 변화를 시도하였다. (O/X)

5 key word : 서구 사회복지의 발달과정

국가주도 사회보험제도는 20세기 초 영국에서 최초로 도입되었다. (O/X)

6 key word : 사회복지사 윤리강령

윤리기준은 기본적 윤리기준 이외에 클라이언트, 동료, 협회, 국가에 대한 윤리기준을 각각 제시하고 있다. (O/X)

7 key word : 방어기제

대소변을 잘 가리던 아이가 동생이 태어나자 어머니의 관심을 끌기 위해 다시 대소변을 가리지 못하게 되었다. 이는 퇴행의 사례이다. (O/X)

8 key word : 사회복지사의 과업

사회복지 실천과정에서 접수단계는 클라이언트와 긍정적 관계를 조성하고 상호신뢰를 확보하는 단계이다. (O/X)

9 key word : 사회복지 조사연구 과정

사회복지 조사연구는 문제설정→조사설계→자료수집→자료처리 및 분석→결과해석 및 보고서 작성 순으로 이루어진다. (O/X)

10 key word : 노후소득보장제도

기초연금 수급권자 선정기준은 65세 이상 전체 노인 중 소득과 재산이 적은 하위 80%이다. (O/X)

11 key word : 에스핑 엔더슨의 복지국가 유형

에스핑 엔더슨의 복지국가 유형 중 자유주의 복지국가는 공공부조 프로그램을 상대적으로 중시한다. (O/X)

12 key word : 사례관리의 등장배경

시설중심의 서비스 제공은 사례관리의 필요성을 높였다. (O/X)

13 key word : 사례관리의 과정

학생 A의 폭력 문제를 안고 있는 가정을 대상으로 사례관리를 실시하려고 한다. 이때 학생 A의 폭력 정도와 이유에 대해 학생 A 및 가족들과 인터뷰하는 것은 점검 및 재사정 단계에 속한다. (O/X)

14 key word : 노인장기요양보험제도

노인장기요양보험제도의 수급대상자는 65세 이상의 노인 또는 65세 미만 자로 노인성질병이 없는 장애인이다. (O/X)

15 key word : 가족복지정책

양육수당은 어린이집을 이용할 경우 소득을 고려하여 '아이행복카드'를 통해 보육료를 차등 지원하는 제도이다. (O/X)

16 key word : 사회복지사업법

2020년 12월 시행을 앞두고 있다. 이에 따른 전문사회복지사는 의료사회복지사, 학교사회복지사, 정신건강사회복지사, 교정사회복지사이다. (O/X)

17 key word : 국민기초생활보장제도

의료급여와 생계급여는 부양의무자 기준을 적용하지 않는다. (O/X)

18 key word : 장애인복지 이념

장애인복지 이념 중 사회통합은 장애인을 사회적으로 기여할 수 없는 무가치한 존재로 인식하여 비장애인 중심의 일반사회에서 격리 보호하는 것이 타당하다는 의미이다. (O/X)

19 key word : 측정수준

등간척도의 예시로는 토익(TOEIC) 점수, 지능지수(IQ)등이 있다. (O/X)

20 key word : 시장실패

시장실패에 따른 국가개입의 필요성을 주장하는 논거 중 정보의 비대칭성과 관련 있는 것은 공공재와 역의 선택이다. (O/X)

1 X

'사회적'이라는 의미는 물질적이거나 영리적인 요소보다는 비영리적이며 이타적 속성의 공동체적 삶의 요소에 관심을 기울이는 것을 말한다.

2 O

공공부조의 주요 대상은 생활능력이 없거나 일반적인 국민 생활수준에 미달하는 저소득층으로, 이들에게 기본적인 생계급여, 의료급여, 교육급여, 주택급여 등의 급여를 제공하는 것이다.

3 X

공공부조에 대한 설명이다.

4 O

대처리즘과 레이거노믹스는 신자유주의 이념에 입각하여 사회복지부문에 대한 정부 예산을 대폭 삭감하고 국가의 개입을 축소하였다.

5 X

19세기 독일에서 세계 최초로 사회보험제도가 등장하였다.

6 X

기본적인 윤리기준 이외에 사회복지사의 클라이언트, 동료, 사회, 기관에 대한 윤리기준을 각각 제시하고 있다.

7 O

퇴행은 심한 좌절 또는 스트레스를 받았을 때 유치한 수준(주로 고착 시기)으로 후퇴하는 현상을 말한다.

8 O

접수단계 – 실천과정의 초기 국면에서 무엇보다 중요한 것은 관계 또는 라포(rapport)를 형성하는 것이다.

9 O

사회복지 조사연구는 문제설정→조사설계→자료수집→자료처리 및 분석→결과해석 및 보고서 작성의 순서로 진행된다.

10 X

기초연금은 노후 보장과 복지 향상을 위해 65세 이상의 소득인정액 기준 하위 70% 어르신에게 일정 금액을 지급하는 제도이다.

11 O

에스핑 엔더슨의 복지국가 유형에 따르면 자유주의 복지국가는 공공부조 프로그램을, 보수주의 복지국가는 현금급여를, 사회민주주의 복지국가는 현금급여와 사회서비스를 중시한다.

12 X

사례관리는 탈시설화 및 재가복지 서비스의 경향으로 그 필요성이 대두되었다.

13 X

사정 단계에 속한다.

14 X

노인요양장기보험제도에서 노인은 65세 이상의 노인 또는 65세 미만의 자로서 치매·뇌혈관성질환 등 대통령령으로 정하는 노인성 질병을 가진 자를 말한다.

15 X

양육수당은 어린이집이나 유치원을 다니지 않는 아동에게 지급하는 복지 수당으로, 아동에 대한 부모의 양육비용 부담 경감을 위해 시행되었다.

16 X

사회복지사의 등급은 1급·2급으로 하되, 정신건강·의료·학교 영역에 대해서는 영역별로 정신건강사회복지사·의료사회복지사·학교사회복지사의 자격을 부여할 수 있다. 〈사회복지사업법 제11조 제2항〉(2020.12.12. 시행)

17 X

의료급여와 생계급여는 부양의무자 기준을 적용하며 그와 함께 소득인정액 기준이 다르게 적용된다.

18 X

사회통합 : 장애인을 가정과 사회·정상적인 사람과 격리시키거나 유별나고 특별한 사람으로 취급하여 처우하는 것이 아니라 사회 속에서 정상인과 함께 생활할 수 있는 사람으로 인식하여 통합적으로 처우하는 것이다.

19 O

등간척도 : 측정대상의 서열 간의 간격이 동일하도록 수치를 부여하는 것으로 시험점수, 온도 등이 그 예이다.

20 X

도덕적 해이, 역의 선택의 경우 생산자에게 유리한 정보, 소비자에게 불리한 정보의 비대칭성으로 인해 소비자의 합리적인 선택을 이끌어내기 어렵게 되는 문제가 발생한다.
공공재 : 다른 사람의 부담에 의해 생산된 공공재를 공짜로 소비하는 무임승차자가 발생한다.

MEMO

MEMO

서원각이 취업을 찢었다!

취업

봉투모의고사 **찐!5회** 횟수로 플렉스해 버렸지 뭐야 ~

서울시설공단 봉투모의고사(일반직)

광주도시철도공사 봉투모의고사(업무직)

합격을 위한 준비
서원각 온라인강의

요점만 담은
알짜이론

믿고보는
교수진

www.sojungedu.co.kr

공 무 원	자 격 증	취 업	부사관/장교
9급공무원	건강운동관리사	NCS코레일	육군부사관
9급기술직	관광통역안내사	공사공단 전기일반	육해공군 국사(근현대사)
사회복지직	사회복지사 1급		공군장교 필기시험
운전직	사회조사분석사		
계리직	임상심리사 2급		
	텔레마케팅관리사		
	소방설비기사		